現代スポーツ批評

―スポーツの「あたりまえ」を問い直す―

松浪　稔・井上邦子：編著
稲垣正浩：監修

目次

序章　スポーツ批評とはなにか

スポーツを批評するとはどういうことなのか

スポーツは世界を映す鏡である。いま、目の前で繰り広げられているスポーツイベントが、どのような施設で行われ、どのような設備・機器を備え、どのような人びとによって組織され、管理・運営され、それをメディアがどのように情報化しているか考えてみよう。その背後には、じつに多くの人びとの智慧と労力の、長年にわたる蓄積があったことがわかってくる。それはさながら、いまわたしたちが生きている世界の縮図と言っていいだろう。

たとえばメインスタジアム。これを作り上げる建築技術、そして、そこに設置される設備、用具、器具など。そこには現代という時代が生み出した最先端のテクノサイエンスの粋がすべて注ぎ込まれている。とりわけ、記録を測定し判定するための装置にいたっては、もはや人間の能力をはるかに超え出てしまっている。そこはもはや、スポーツ産業の到達した最先端のテクノサイエンスの精華を競うアリーナと化している。その結果、人間の眼では判定できない差異を、たとえば、1000分の1秒の差異をコンピューターで管理された判定装置がはじき出す。

このことが意味するものはなにか。こういう事態が進展していくことの根源にあるものはなにか。そして、そのことが現代社会を生きるわたしたちにとってなにを意味しているのか。

しかも、このような事態の進みゆきは、否応なくスポーツの存在様態を変容させる力をもっている。そのことの是非について、わたしたちはどのように考え、どのように対応していけばよいのだろうか。

こうした現代のスポーツを成立せしめている諸条件をしっかりと見据え、そのことの意味するところをよく考え、自己の生き方の問題とクロスさせながら、スポーツのあるべき姿を模索すること、そうして導き出された結論を対象化して言説化すること、これがスポーツを批評するということの基本的な手続きである。

もうひとつの例を考えてみよう。ひとりのトップアスリートをとりまく環境はどのようになっているのだろうか。もうすでによく知られているように、監督・コーチはもとより、トレーナー、スポーツドクター、トレーニングパートナー、管理栄養士、バイオメカニクスの専門家、マッサージ師、カウンセラー、トレーニングパートナー、マネジャー等々の人びとがチームを組み、役割分担をしながら、ひとりのトップアスリートを支えている。そこで共有されている最優先課題は「勝つ」こと。つまり、勝利至上主義である。「勝つ」ことのためなら、ありとあらゆる智慧を結集して、その方法を練り上げていく。そして、それを実現するために支援チームは一致団結する。トップアスリートに求められるのは、そこから導き出されるトレーニングメニューをきちんと消化すること。そして、それらに耐えうる強い肉体と意志、そして持続力、集中力を高めていく。

ここでも、前にあげたハイテク化した判定装置の例と同じように、トップアスリートの個人の考える練習計画や身心の管理方法をはるかに超え出てしまっている。それはもはや、アスリートの身体がアスリートのものであってアスリートのものではなくなる臨界点に達している、と言ってよいだろう。このようなアスリートの存在様態をどのように考えればいいのだろうか。

さらには、過剰な競争原理がはたらき、勝利至上主義に歯止めがかからなくなると、そのさきに待っているのはドーピングである。しかも、ドーピンクをめぐる問題系は複雑怪奇で、それを完全にコントロールすることは不可能であるとすら言われている。さらには、ドーピングをチェックする国際機関（WADA：世界アンチ・ドーピング機構、ほか）の複雑な組織とそこでの守秘義務にも多くの疑問が投げかけられている。これらの問題に加えて、さらに考えなくてはならないことは、ドーピングは「悪」であると断定する思想・哲学的根拠も確たるものではない、ということだ。

スポーツを批評するということは、こうしたきわめて広く深い視座に立ち、思考対象について徹底的に熟慮し、分析することであり、しかもそれらを行う自分自身の生き方をも思考の対象としつつ、その結果として到達する結論を言説化することなのである。以上のように、そこで最終的に問われるのは批評する人間の思想・哲学なのである。

こうした具体的な事例、たとえば、メディアとスポーツとの関係、スポーツイベントを支配する経済原則（利潤の追求）、さらにはスポーツの産業化や金融化、スポーツと暴力、等々をひとつずつ精細に分析し、思考を深めていくと、そこにはみごとなまでに現代世界を構成するあらゆる要素が散りばめられていることがわかってくる。

スポーツは政治や経済と無縁ではありえないし、スポーツだからといって特別視されるものでもないし、ましてや自閉的で、自己完結的な、あるいは聖域化された単なる趣味としての遊び・娯楽では済まされない。

以上のような意味で、スポーツは世界を映す鏡である。したがって、スポーツを批評することは世界を批評する営みに等しい[1]。

さて、このように考えてくると、ではいったい批評の対象となる「スポーツ」とはそもそもどういうものなのか、という根源的な問いが立ち上がってくる。つまり、スポーツを批評するということは、まず第一に「スポーツとはなにか」という思想・哲学的な問いに応答することであり、それは同時に「世界とはなにか」という問いに応答することでもある。そのことは、とりもなおさず、現代世界（社会）を生きるわたしたちにとって「スポーツとはなにか」と問うことである。

1　今福龍太：『ブラジルのホモ・ルーデンス—サッカー批評原論』、月曜社、2008年。

このような意味でのスポーツ批評の分野はまだまだ未熟で、その緒についたばかりと言ってよいだろう[2]。しかし、近代スポーツのはたしてきた役割（あるいは、功罪）を批判的に乗り越え、21世紀の現代世界を生きるわたしたちのスポーツ文化を新たに構想していく上では、スポーツ批評は、どうしてもクリアしなければならないきわめて重要な関門なのである。

スポーツとはなにか

スポーツとは、生身のからだをとおして生の源泉にふれる運動技法の総称である、と、とりあえず定義しておこう。これまでもスポーツの定義はさまざまに試みられてきた。しかし、それらはいずれも近代という時代の思考の制約（たとえば、近代合理主義、科学的合理主義、数量的合理主義、など）のもとでなされてきた。その結果が、こんにち、わたしたちが現前している近代スポーツ競技を頂点とする聖域化され、自閉的で自己完結的な近代スポーツである。これをひとことで言ってしまえば、過剰な競争原理に支配され、「勝つ」ことだけが価値をもつスポーツ、すなわち、勝利至上主義に乗っ取られてしまったスポーツ文化である。

スポーツ批評の立論の根拠は、このような勝利至上主義によっていちじるしく歪

2　スポーツ批評の取り組みとして、稲垣正浩・今福龍太・西谷修：『近代スポーツのミッションは終わったか―身体・メディア・世界』（平凡社、2009年）などがある。

曲化されてしまった近代スポーツを解体し、生身のからだを生きる人間が生の源泉にふれる運動技法としてのスポーツをとりもどすことにある。すなわち、過剰な競争原理から解き放たれた、もっと素朴で、お互いに開かれた、互酬性に満ちた贈与にもひとしい運動技法としてのスポーツの復権である。

では、なぜ、このような考え方をするに至ったのか、かんたんに触れておく必要があるだろう。いま「スポーツとはなにか」を問うにあたってもっとも必要とされる思考のバックグラウンドは、まぎれもなく思想・哲学であり、歴史である。それも「スポーツ」に限定された思想・哲学や歴史ではない。

それは、人間とはなにか、人間が生きるとはどういうことなのか、人間はいかなる生を営んできたのか、といった人間存在の根源を問う思想・哲学であり、その歴史である。

たとえば、サルがヒトになるとき、なにが起きたのか。つまり、動物性の世界から人間性の世界に移行するとき、なにが起きたのか。サルは動物性の世界にあっては自他の区別のほとんどない内在性の世界を生きていたと考えられている。しかし、動物性の世界から人間性の世界に飛び出してきたヒトは、内在性の〈外〉を知り、初めて他者を意識し、自己を認識するようになる。そのとき、内在性を生きていた時代には感じることのなかった新たなる不安が立ち現れることになる。すなわち、存在不安（生死）である。そして、この存在不安を解消するためのひとつの文化装置としてヒトは祝祭空間を編み出す。

　この祝祭空間こそ、生と死の境界領域に成立するものであり、聖なるものと俗なるものが渾然一体となったカオスの世界である。ここで繰り広げられるものは、余剰エネルギーの消尽であり、贈与であり、自己を超え出る経験（エクスタシー）である。そこには、ヒトになったがゆえに遠ざかってしまった動物性（内在性）への回帰願望をみてとることができる。そして、ここここそがスポーツの〈始原〉の場ではなかったか、と考える。

　このような思考に至りついた手のうちを明かしておけば、マルセル・モースの『贈与論』とジョルジュ・バタイユの『宗教の理論』『呪われた部分　有用性の限界』を、まずはあげておくべきであろう。

　とりあえずは、スポーツの〈始原〉の場、あるいは、スポーツの原初形態がいかなるところにルーツをもっているのか、ということを確認しておけばそれで充分であろう。そして、スポーツの〈始原〉ならではの自由で、開放的で、だからこそ魅力的で豊穣な、素朴な運動技法の花を咲かせていた基本原理は、贈与と消尽である。

　この贈与と消尽を基本原理とするスポーツの原初形態が、勝利至上主義の原理に絡め捕られてしまうのがヨーロッパ近代という時代なのである。これがわたしたちにもっとも馴染んでいる近代スポーツの誕生なのである。そして、瞬く間に近代スポーツは、かつての贈与や消尽の精神を排除・隠蔽してしまい、近代合理主義の名のもとに特権化し、みずからの牙城を築きあげていくことになる。近代オリンピックやワールド・カップはその典型的な事例である。そして、近代スポーツは特定のイデオロギーや政治や経済とも無縁の、純粋な人間の遊び文化である、と宣言された。人びとはそれを信じ、盲従した。その至りついた結果がこんにちのスポーツ情況なのである。

スポーツはいまや百花繚乱のごとく咲き乱れている。たとえば、「スポーツ」という冠を乗せた造語の氾濫をみれば明らかだ。スポーツ新聞、スポーツ映画、スポーツ漫画、スポーツバー、スポーツカフェ、スポーツ小説、スポーツ放映、スポーツニュース、といった具合である。さらに書店を覗いてみると、スポーツコーナーがあり、ゴルフ、テニス、サッカー、野球、登山、相撲、等々の競技種目別の雑誌が並んでいる。

こうなってくると、これらのメディアを支えるスポーツ評論家が出現する。各競技種目別の評論家、すなわち、野球評論家、相撲評論家、ゴルフ評論家、といった具合である。のみならず、スポーツジャーナリスト、スポーツカメラマン、スポーツライター、スポーツレポーター、スポーツキャスター、といった人びとがさらにつづく。

これらの人びとの眼には、残念ながら、近代スポーツ競技しか映ってはいない。だから、勝利至上主義にもとづく神話化された物語を紡ぐことに熱心である。そういう人びとが特定の競技種目に通暁する専門家として重宝されている。しかし、そこで行われていることは「評論」（コメンタリー）でしかなく、「批評」（クリティーク）とはほど遠いものでしかない[3]。20世紀の冒頭にマックス・ヴェーバーは、このまま資本主義社会が進展していくとやがて「知的精神の欠落した単なる専門バカ、豊かな情緒や情動を失った単なる遊び人」が世にはびこる、と予言した[4]。その予言がみごとなまでに的中してしまっていることに驚きを禁じえない。この予言は、残念ながら、スポーツにもそのまま当てはまってしまっている。

いま、スポーツの復権にとって必要なのは、特権化し、自閉してしまったスポーツ評論を批判的に乗り越え、生身の人間が生の源泉に触れる運動技法をとりもどすことのできる世界の実現をめざす、そのようなスポーツ批評への挑戦である。

スポーツ批評への挑戦

スポーツ批評はいかにすれば可能なのか。じつは、わたしたちの研究者仲間たちは、すでに長年にわたって、スポーツ史研究の領域にいかにすれば「批評精神」を取り込むことが可能か、ということを考えてきた。そこにはふたつの理由があった。ひとつは、形骸化してしまった資料実証主義にもとづくスポーツ史研究に限

3 今福龍太：『ブラジルのホモ・ルーデンス』、序論。
4 マックス・ヴェーバー著、大塚久雄訳：『プロテスタンティズムの倫理と資本主義の精神』、岩波書店、1989年。

界を感じていたからである。もうひとつは、近代スポーツ礼賛型のスポーツ史研究に大いなる疑問をいだいていたからである。そこに共通していることは、思想も哲学も持ち合わせないいままスポーツ史研究に従事する、安易な研究者の姿勢である。しかも、こういう人びとが圧倒的多数を占めているアカデミズムの実態に危機感を覚えたからである。

そこで、まず最初に取り組んだのは、進歩発展史観の枠組みの外にでることであった。近代の歴史学は、いくつもの発展段階説を提示して、人類はかくもみごとに進歩発展の歴史を構築してきたのだ、という議論を展開していた。だから、スポーツ史研究の分野でも、スポーツの発展段階説をどのようにして提示するか、ということに関心が集まっていた。そこには、近代こそが人類の到達したもっとも輝かしい時代であり、スポーツもまたそうした文化装置のひとつとして大きな貢献をしたのだ、という考えが暗黙のうちに共有されていた。しかし、近代の進歩発展史観がしだいに陰りをみせはじめ、ついには、近代はもはや行き詰まってしまって、近代合理主義の考え方や自由競争の原理だけでは立ち行かないということがだれの眼にも明らかになってきた。ポストモダンが喧しく議論されたのは、そうした反省からだった。しかし、スポーツ史研究の分野でポストモダンを語るひとはほとんどいなかった。

1970年代に入って、ようやく新しいスポーツ史研究のあり方を模索する研究会が本格的に組織され、活動をはじめるようになる。そして、最初にとりかかったことは、まずは、思想・

哲学による理論武装だった。とりわけ、フランス現代思想の考え方が新たなスポーツ史研究を切り開いていく可能性が高いのでは、と歓迎された。しかし、その考え方をわがものとするには長い時間が必要だった。でも、少しずつではあれ、その方向性は間違いではない、ということが確信に変わっていった。

詳しいことは割愛するが、そうした研究会を重ねるなかで、少しずつ、これから取り組まなくてはならない大きなテーマが浮かんできた。たとえば、人間とスポーツの関係はどのように変容してきたのか、ということだった。そこには、歴史を進歩とか発展という視点でとらえるのではなく、変容としてとらえようという明らかな意図があった。同時に、スポーツの起源ではなく、始原としてとらえようと。

こうして、人がスポーツをするということはどういうことなのか、それぞれの時代や社会のなかで人はスポーツとどのように折り合いをつけてきたのか、スポーツが呼び起こす感動の源泉はどこにあるのか、といったテーマが浮かびあがってきた。こうした模索をつづけているうちに、いつしか、スポーツは贈与である（マルセル・モースに引きつけて）、スポーツは消尽である（ジョルジュ・バタイユに引きつけて）、スポーツは生の源泉に触れる運動技法である（スポーツの感動に引きつけて）、というようなところにたどりついていた。

これが、わたしたちが行き着いた新しいスポーツ史研究の考え方のひとつの基盤となっていた。しかし、この考え方は、なにを隠そう、そのままスポーツを批評するための重要な手掛かりにもなる、ということだった。すなわち、わたしたちが到達した新しいスポーツ史研究の地平は、そのまま、スポーツ批評の地平にもなりうるということだった。

このことをはっきり自覚できたのは、『近代スポーツのミッションは終わったか』(稲垣正浩・今福龍太・西谷修著)の刊行であった。この本の刊行にいたるまでに、この3人はスポーツ史学会でのシンポジウムをはじめ、何回ものシンポジウムを重ねていた。まるで、西谷修、今福龍太の両氏から手ほどきを受けるようにして、批評性に富むスポーツ史研究の地平が開かれていったのである。

こうした後押しがあって、長年の研究者仲間とともに設立したのが「21世紀スポーツ文化研究所」(ISC・21)である。月1回の月例研究会の開催(東京、名古屋、大阪、神戸、奈良、などの都市を巡回)、年1回の研究紀要『スポートロジイ』の発行、シンポジウム、セミナー、講演会などの支援を行っている。

スポーツを語ること、すなわち、スポーツを批評することは、もはや体育やスポーツの専門家の手にはあまる壮大な知見や思想・哲学を必要とすることが明らかになっている。したがって、21世紀スポーツ文化研究所が主宰する月例研究会には、できるだけ体育・スポーツとは異なる他の専門領域の研究者にお出でいただいてお話をうかがうことにしている。ありがたいことに、いま、もっとも輝いている研究者の方たちが喜んで参加してくださり、貴重な刺戟をいただいている。そして、こういう人たちは、なんの違和感もなく、ごくふつうにスポーツ批評を展開してくださる。

優れた研究者の思考のなかには、わたしたちの想像をはるかに超えるレベルで、スポーツ批評の重要さが意識されているのである。ということは、もはやスポーツの問題は普遍の問題に密接に連なっているということなのだ、と知る。逆説的な言い方をすれば、いまや、スポーツを無視して世界を語ることは不可能だ、という認識をそこにみることができる。

スポーツ批評は、いまや、あらゆる専門領域の人びとに開かれている。ある特定の分野の専門家の専有物であった時代は終わった。人間を考え、世界を考え、歴史を考え、深い思索に根を降ろしている人にとっては、スポーツを批評することは、もはや当然の営みになっていると言っても過言ではないだろう。

しかしながら、スポーツ批評の分野は厳密にいえば、まだまだ未開拓の分野である。本書の刊行は、その意味では、いま、ようやくスポーツ批評のスタートラインに立ったことの宣言のようなものである。したがって、ある程度の問題意識は共有しつつ、それぞれの筆者が、それぞれのスタンスから、それぞれのスポーツ批評に挑戦する、そういう初めての試みなのである。

その意味では、読者もまたみずからのスポーツ批評を意識しながら、批判的に読んでいただければ幸いである。

第一章　競技スポーツを考える

1．オリンピック　―世界最大の祝祭―

２年に一度やってくるオリンピックイヤー[1]。いまでは、オリンピックは単なるスポーツの祭典ではなく、国家の威信をかけた戦いの場であり、ビッグマネーが動き、大きな経済効果をもたらす巨大イベントであり、最先端の医学、科学技術の実験場でもある。

古代オリンピック

現在行われているオリンピックは、古代ギリシアのオリンピアという場所でゼウス神に捧げるために開催された祭典競技を模範としたものである。

古代ギリシアでは、各地でギリシア神話に登場する神々に奉納するために祭典競技が開催されていた。オリンピアで開催されていた祭典競技もその一つである[2]。このオリンピア祭（いわゆる「古代オリンピック」）の起源には諸説ある。それらは

1　オリンピックは４年に一度開催されている。1992 年アルベールビル冬季オリンピックまで、夏季と冬季のオリンピックは同じ年に開催されていたが、1994 年リレハンメル冬季オリンピックから、冬季オリンピックは夏季オリンピックの２年後に開催されることになった。同一年に夏季冬季の二つの大会が開催されるよりも、ＴＶ放映権料を高く設定することが出来るからである。結果、現在では２年に一度、夏季または冬季のオリンピックが開催されることになった。

2　オリンピア祭（開催地オリンピア、主神ゼウス）、ネメア祭（開催地ネメア、主神ゼウス）、イストミア祭（開催地コリントス、主神ポセイドン）、ピュティア祭（開催地デルフィ、主神アポロ）をあわせて、古代ギリシアの四大競技大祭といわれる。このうちオリンピア祭が最も盛大に行われた。これらの競技祭の起源はギリシア神話に登場する。

ギリシア神話の中に伝えられている。有名なのは、ヘラクレスの12の偉業のひとつ、アウゲアスの牛小屋掃除である。ヘラクレスとの約束を破ったアウゲアス王はヘラクレスに倒された。ヘラクレスはそれを記念してゼウス神殿を建設し、競技会を開催したというものである。

別の説では王位継承の戦車競争が起源とされる。エリスの王オイノマオスにヒッポダメイアという一人娘がいた。オイノマオスは自分と戦車競争し、勝利した者に娘と王位を譲ると宣言した。この戦車競争に勝利した英雄ペロプスがそれを記念しゼウス神殿を建設し、競技会を開催した。これがオリンピア祭の起源となったという説である。この神話はよく知られており、オリンピア考古学博物館には、発掘された、この物語が描かれたゼウス神殿の破風が保存、展示されている。

しかしこれら神話の中のオリンピアの競技祭は、神と人間が共存していた時代の話であり、いつしか神話となったものである。

古代オリンピックが始まったのは、考古学的には紀元前9世紀ごろとも言われている。記録に残る最初のオリンピア祭は紀元前776年。この頃、疫病の流行と戦争で人々は疲弊していた。この疫病を払うため、戦争を治めるためにデルフィで神託を授かった。その神託は、神話にあるギリシア神話の神々に奉納する祭典競技を行え、というものだった。この神託によって記録に残る古代オリンピックが始まったといわれている。

古代オリンピックは4年に一度開催された。この古代オリンピック開催の年から次のオリンピックまでの4年を一つの周期とし、オリンピアードと呼んで暦とした[3]。紀元前776年の第一回を基準に古代ギリシア人はこのオリンピアードで年代を数えたのである[4]。

古代ギリシアのポリス（都市国家）は絶えず対立、抗争を繰り返し慢性的な戦争状態が続いていた。そんななか、古代オリンピックを開催するために「エケケイリア（オリンピック休戦）」といわれる協定が結ばれた。エケケイリアの期間は戦争してはならない、戦争中のポリスはその間休戦しなくてはならないという合意である。こうして、オリンピアに向かう選手や観客の交通の安全を確保したのである。この休戦期間は古代オリンピック開催中のみならず、その準備期間を含め前

3　現代もこの暦に倣って４年に一度を一周期としてオリンピックが開催されている。第一回近代オリンピックが開催された 1896 年から４年間が第１オリンピアードである。よって、戦争のために中止になった３回の大会も回数に数えられている（第十一回ベルリン（1916 年）、第十二回東京（1940 年）、第十三回ロンドン（1944 年））。なお、オリンピック大会の公式名称だが、夏季大会は Games of the Olympiad、冬季大会は Olympic Winter Games と表記される。例えば、1964 年の東京オリンピックは Games of the XVIII Olympiad（第十八回オリンピアード競技大会）となる。つまり、1896 年から数えて第十八オリンピアードの大会ということである。2020 年の東京オリンピックは Games of the　XXXII　Olympiad（第三十二回オリンピアード競技大会）となる（冬季大会はオリンピアードで数えず、開催回数で数える。よって、中止になった大会（1940 年札幌大会など）は回数に数えられていない）。

4　なぜ４年が一つの周期なのか。古代ギリシア人が太陰歴を使っていたからという説が有力である。現在一般的な太陽暦の８年が、太陰暦の８年と３ヶ月にほぼ等しいことから、８年という周期は古代ギリシア人にとって重要な意味をもっていたといわれている。暦を司るのは神官であり、８年ごとに祭典が開かれるようになり、後に半分の４年周期となった。太陰暦では 49 ヶ月目と 50 ヶ月目に交互に古代オリンピックが開催されたという。

後三ヶ月に及んだという。この協定を破ったポリスは祭典競技への参加資格をはく奪された。これは同時にギリシア民族であることを否定されることでもあった。そのため、この協定は忠実に守られたという。ゼウスを中心としたギリシア神話の神々を祀る古代オリンピックを何としてでも開催したい、という民族的な願望からエケイリアが生み出されたといわれている。神々を祀る祭典競技はそれほど重要だったのだ。

オリンピアの地で開催された古代オリンピックは、紀元393年を最後に幕を閉じることになった。なぜか。紀元前146年、ギリシアはローマ帝国に支配されることになる。ギリシア人にしか参加を認めていなかった古代オリンピックだが、これによってローマ帝国が支配する地中海全域から競技者が参加するようになり、次第に変容していくことになった。さらに313年ミラノ勅令によりローマ帝国はキリスト教信仰を公認。392年テオドシウス帝によってキリスト教が国教とされ、異教信仰が禁止された。こうしてローマ帝国の勢力下ではキリスト教以外の宗教が禁じられたため、異教の祭典でありギリシア神話の神々を祀る古代オリンピックも開催されなくなったのである。

オリンピアの神殿や競技場は異教神殿破壊令（426年）によって破壊され、そして大地震や河川の氾濫によって古代オリンピックの遺跡は土砂の下に埋もれてしまい、いつしか古代オリンピックは神話の一部と化してしまった。

近代オリンピックのはじまり

１８９６年、古代オリンピックが終焉を迎えてから約１５００年の時を経て、ギリシア、アテネでオリンピックが開催された。第一回近代オリンピックであり、これが現在も続いている[5]。このオリンピックの復活には一人の男の尽力があった。ピエール・ド・クーベルタンである。

クーベルタン（１８６３年–１９３７年）は貴族の家系に生まれた。軍人か官僚、政治家になることを期待されていたが、次第に教育に興味を示すようになった。クーベルタンが育った当時のフランスは、普仏戦争（１８７０年–１８７１年）敗戦の影響で社会に元気がなく、若者は夢を持てない状態だった。このような状況を打開するために、クーベルタンは教育が重要だと考えた。そしてパブリックスクール[6]の教育を視察するためにイギリスにわたり、そこでスポーツが若者の教育に重要な役割をはたしていることに気がついたのである。

また、その頃ギリシアではオリンピアの遺跡が発掘されていた[7]。オリンピアの遺跡が発掘されることで古代オリンピックが夢物語では

5 第一回冬季オリンピックは1924年シャモニー冬季オリンピック。この大会は、国際ウィンタースポーツ週間として開催された大会をIOCが後援し、翌年のIOC総会で第一回冬季オリンピックと認定した。
6 イギリスの裕福な階層の子供が通う寄宿制の私立中等学校。
7 オリンピアの遺跡が発掘されはじめた18世紀末から19世紀末にかけて古代オリンピックを復活させる試みが幾度か見られた。スカンジナヴィア・オリンピック、ザッパス・オリンピック（アテネ）、ウェンロック・オリンピックなど。しかし、これらは国際的な視野のもとに開催されたものではなかった。

なく、実際に開催されていたことが明らかになったのである。

クーベルタンは、若者の身心をスポーツで元気にするため、国際的なスポーツ大会の開催を模索した。そしてこうしたスポーツ振興を国際協力体制化で行うために、ヨーロッパ共通の関心事（ヨーロッパの起源）である古代ギリシアの祭典競技の復活を基本線としたのである。

１８９４年、クーベルタンが主導し、パリのソルボンヌ大学で開催された国際アスレチック・コングレスにおいて、近代オリンピック大会の開催と国際オリンピック委員会の設立が満場一致で可決され、１８９６年、第一回大会がギリシア、アテネで開催されることになった。

クーベルタンが思い描いていた近代オリンピック開催の意義は、スポーツを通した青少年の教育と世界平和の実現にあった。この理想は現在もオリンピックの憲法といわれる「オリンピック憲章」にある「オリンピックの根本原則」に明記されている[8]。

オリンピックの変容

第一回近代オリンピックの開催（１８９６年）からすでに１２０年以上の時が

8　その意味でオリンピックは単なるメダルを争うスポーツ大会ではない。４年に一度、スポーツを通した青少年の教育が実施されているか、世界平和が実現されているのかを確認するための大会である。

流れた。東京大会（２０２０年）で三十二回目を数えるが、この間にオリンピックは大きく変容した。

ロンドン大会（２０１２年）は２０４の国と地域が、リオデジャネイロ大会（２０１６年）は２０６の国と地域が参加した世界最大のスポーツの祭典だった。しかし、第一回大会の参加国はわずか14ヶ国。財政難で小規模の大会からオリンピックの歴史が始まった。

オリンピックが現在のかたちに近づく最初の転機となったのが第四回ロンドン大会（１９０８年）である。この大会から参加資格の規程が出来た。その骨子は、参加はアマチュアに限ること、参加の申し込みは各国のオリンピック委員会を通じて行うことである。それまでは個人やクラブでオリンピックに参加していたのだが、この大会から各国の代表としてオリンピックに参加することになったのである。また、参加をアマチュアに限ったことでプロ競技者が参加できないようにした[9]。

ベルリン大会（１９３６年）は、ナチスの一党独裁政権下のドイツで行われた。この大会をナチスは政治的プロパガンダに利用した。スポーツ（オリンピック）が政治的に利用されたのである。巨大なスタジアムなどの競技施

9　いわゆる「アマチュア規定」は、1974年「オリンピック憲章」からアマチュアの文字がなくなるまで続いた。その間、オリンピックには肉体労働者（身体を使用して報酬を得る者）やプロフェッショナルは参加できなかった。スポーツが金銭と結びつくのを嫌ったと考えられるが、一方では、下層階級である肉体労働者の参加を制限するための規定だった。

設を次々と建設、パンフレット、ポスター、PR映画などを作成し、オリンピックを盛大に開催することで、ナチスドイツの力を世界に発信したのだ。まさにオリンピックが国威発揚、国力を示す場（メディア）となったのである。

さらに、聖火リレーを実施した。ギリシア、オリンピアの遺跡で採火した聖火を、7ヶ国、約3075kmを経てベルリンまでリレーしたのである。聖火リレーは、古代オリンピックから近代オリンピックへの歴史的つながり、国を越えてリレーすることで国際協力、芸術性、神聖性などをあらわす盛大なパフォーマンスだった[10]。このベルリン大会の成功によって、オリンピックは単なるスポーツ大会以上の意味を持つようになったのである。

第二次世界大戦後、オリンピックは東西冷戦の代理戦争の場となる。西側諸国（資本主義国）と東側諸国（社会主義国）[11]が国力を顕示するためにメダルの数を競いあうようになったのだ。さらにTV放映技術の発達によって、オリンピックの映像が世界中に発信された。オリンピックが世界中の注目を集めるメディアとなったのである。

10　聖火リレーを成功させるために、ナチスドイツは周辺諸国の地理を徹底的に調査した。当時、地図は軍事機密だった。道路の幅、橋の有無など、交通上の重要な情報だからだ。のちに第二次世界大戦が勃発すると、聖火リレーのコースをナチスドイツの戦車が南下した。聖火リレーでの調査が、戦争に利用されたのである。

11　東側諸国では勝利のために国家ぐるみでドーピングが行われていたといわれている。

ミュンヘン大会（1972年）では、パレスチナの過激派組織「ブラックセプテンバー」のメンバーが選手村を襲撃、イスラエル選手団の2人を殺害、9人を人質にとるテロ事件が起こった。彼らはイスラエルに収監されているパレスチナ人234人の開放を要求した。結局人質全員死亡、8人のテロリストのうち5人が死亡、3人が逮捕されこの事件は終結した。世界中の注目を集めるからこそ、オリンピックがテロの現場となったのである。このテロ事件によって、パレスチナで何が起こっていたのかを、全世界に発信することになったのだ。

モントリオール大会（1976年）、モスクワ大会（1980年）、ロサンゼルス大会（1984年）は、国際政治に翻弄されることになった。政治的な理由による参加ボイコットである[12]。

また、モントリオール大会は、巨額の赤字（約10億ドル、およそ2900億円、現在の貨幣価値では約1兆730億円）を生み出した。オリンピックを招致するのは国ではなく都市である。この負債は、モントリオール市、ケベック州などが負うことになった[13]。

12　モントリオール大会では、当時人種隔離政策（アパルトヘイト）をとっていた南アフリカにラグビー選手を派遣したニュージーランドのオリンピック参加に抗議し、アフリカ諸国がオリンピックの参加をボイコット。モスクワ大会では、ソ連のアフガニスタン侵攻に抗議し、西側諸国が参加ボイコット。日本もアメリカに追従しモスクワ大会への参加をボイコットした。ロサンゼルス大会では、西側諸国のモスクワ大会参加ボイコットに対して東側諸国がこの大会の参加をボイコットした（ボイコット返し。表向きはアメリカのグレナダ侵攻に対する抗議）。

13　増税というかたちでこの負債の支払いを行い、完済に30年かかったといわれている。

これによってオリンピック開催は大きな赤字事業であると認識されることになった。

開催すれば赤字になると考えられたオリンピックに民間資金を導入させたのがロサンゼルス大会（１９８４年）である。この大会で現在のスポーツビジネスにおける三つの大きな収入の柱が確立された。一つは独占放映権の販売である。各国一つのＴＶ局に独占放映権を販売することで、オリンピックの放映権料は高騰した（放映権がないＴＶ局はオリンピックを放送できなかった）。それから、公式スポンサー権の確立。一業種一社、計30社に限定し、高額のスポンサー料を支払うことでオリンピックマークを広告宣伝、販売促進に使用することを許可したのである。最後に公式マスコット、公式ロゴの商品化権の確立である。マスコットなどを使用した関連商品を販売することで収入を得たのである。結果、ロサンゼルス大会は２億１５００万ドル以上の黒字を計上した。こうしたオリンピックに関する権利を販売することで、オリンピック（スポーツ）の商業化が一気に進むことになった。これ以降、オリンピックや国際的なスポーツイベントはビジネス（金儲け）の場に変容することになった[14]。

14　現在でも、ロサンゼルスオリンピックで確立した、放映権（TVなどで放送する権利）、スポンサー権（看板、ユニフォームなどに企業ロゴ等を付ける権利）、商品化権（関連商品を開発販売する権利）、チケット（スタジアムなどで、直接スポーツを観戦する権利）を販売する権利ビジネスが、スポーツビジネスの根幹である。

オリンピックというメディア

アトランタ大会（1996年）ではオリンピック公園で爆破事件が発生。2人が死亡、111人が負傷するミュンヘン大会以来のテロが起こった。

アテネ大会（2004年）では、世界最大規模のフリーペーパー『メトロ』紙のアテネ版に、ロサンゼルス大会柔道無差別級金メダリスト山下泰裕とアテネ市長が「古代ギリシア人はオリンピック期間中、武器を置いた」という見出しで、オリンピック開催期間中の休戦を訴える意見広告を掲載した。古代オリンピックのエケケイリア（オリンピック休戦）と、クーベルタンの世界平和の実現という理想を訴えたのである。しかし、米国同時多発テロ事件（「9・11」）以降アメリカが行っているアフガニスタンでの軍事行動やイラク戦争が休戦になることはなかった。それどころか、アメリカがイラク戦争を行っているからこそ、アテネ大会は厳重なテロ対策警備のもとで実施されることになった。古代のエケケイリアを現代に復活させることはできなかったのである。

北京大会（2008年）では、各地で聖火リレーが妨害された。聖火リレーを妨害することで中国の人権問題（言論、報道、表現の自由がないことなど）やチベット問題などの様々な政治的メッセージが全世界に発信された。聖火リレーを妨害することでメディアジャックしたのである[15]。

２００５年7月6日、ＩＯＣ総会において２０１２年のオリンピック開催地がロンドンに決定した。翌7月7日ロンドン同時爆破テロが起きた。このテロによって50人以上が死亡し、約８００人が負傷した。このテロはオリンピック開催決定とは無関係であるが、世界中の大都市は常にテロのターゲットになりうること、オリンピックも例外ではないことを改めて認識させることになった[16]。結果ロンドン大会は、約３万人の兵士や警察官を投入、警備費は約７７０億円に達し、史上最大規模でテロ対策を行ったオリンピックとなった。競技場の横に対空ミサイルが装備される光景はスポーツの祭典とは思えないものであった。

「オリンピック憲章」では、オリンピックの理想は「スポーツを通した人間教育」「世界平和の実現」であり、また「いかなる種類の示威行動または、政治的、宗教的、人種的な宣伝活動も認められていない」と明記されている。だからこそ、オリンピックは平和の祭典といわれるのだ。しかし、オリンピックが全世界の注目を集めるメディアと化した現代、オリンピックはビッグマネーが動くマーケットであり、世界最大のエンターテイメントであり、スペクタクルである。さらに、テロの格好の標的であり、政治的メッセージを伝達するイ

15　北京大会開会式当日にロシアがグルジア（ジョージア）を空爆した。またしてもオリンピックによる平和は実現しなかった。

16　この時、英国スコットランドでは、第31回主要国首脳会議（Ｇ８）が開催されていた。この機会を狙ったテロであると英国ブレア首相（当時）は断定した。

ベントでもあることから逃れられないのだ[17]。

古代オリンピックはゼウスに捧げる祭典競技祭だった。現代のオリンピックには、様々な意味や役割（国威発揚、政治利用、都市開発、経済効果などなど……）が期待されている。しかし、そのような後から押し付けられた意味から抜け出し、カミに捧げるスポーツの祭典、人類のための祝祭であるべきではないだろうか。

2020年東京大会

２０１３年９月７日（現地時間）、アルゼンチンのブエノスアイレスで開催された第１２５次ＩＯＣ総会で、２０２０年のオリンピック東京開催が決定した。東京にオリンピックがやってくる。オリンピックという外圧を招くことは、閉塞感漂う日本社会に夢と希望をもたらすだろう。「オリンピックのために」が免罪符となり、オリンピック関連に膨大な予算と物資と人材がつぎ込まれる大義名分ができたのだ[18]。

しかし、日本を取り巻く状況を直視しなくてはならない。１０００兆円を超える累積債務はすでに天文学的金額であり返済不可能ともいわれている。少子高齢

17　ロンドン大会男子サッカー３位決定戦日本対韓国戦試合終了後に韓国選手が「竹島（独島）は我々の領土」とのメッセージを競技場に掲げた。オリンピックの理念を全く理解していない残念な行為である。

化は進行し労働力人口は減少する。隣国の中国、韓国とは領土、歴史認識で大きな問題を抱えている。沖縄では米軍基地がありつづけ、墜落事故を何度も起こしているオスプレイが飛び交っている。それなのに新たな米軍基地建設が、沖縄県民の民意に反して政府によって強行されている。その他様々な困難な状況に明確な打開策が見いだせないままというのが現状といってよい。

そして「3・11」。フクシマのことは忘れてはならない。東日本大震災からの復興は道半ばである。いまだ仮設住宅で暮らしている被災者も多い。そして福島第一原子力発電所の事故は収束の目途がたっていない。放射性物質は拡散しているし、放射能汚染水は海へ漏れ出している。オリンピック東京招致最終プレゼンテーションで安倍首相（当時）は「(原発事故の）状況はコントロールされている」「汚染水は港湾内でブロックされており全く健康に問題ない」旨の発言をした。現実とは大きな齟齬の

18　人材、物資、予算はまず、福島第一原子力発電所事故の収束と、被災者のため、そして、再びフクシマを人間の住める土地にするために支出されるべきである。それが地球と人類に対する責任だ。東京オリンピックのために、人材、物資、予算がフクシマにまわってこないようなことがあってはならない。

さらには、平成26年8月豪雨（広島土砂災害)、熊本地震（2016年)、平成30年7月豪雨（2018年西日本豪雨)、北海道胆振東部地震（2018年)、など、地震、台風、豪雨などの甚大化する自然災害の多発による被害も大きい。これら自然災害による被害からの復興は、人間が安心して生存するためにも必要である。2020年の東京オリンピック・パラリンピックがこれらの復興を妨げることがあってはならない。

オリンピックのようなメガイベントに乗じて、社会問題から人々の目をそらし、税金を大企業のために使う「祝賀資本主義 Celebration Capitalism」（ジュールズ・ボイコフ）が起きているのが現実であろう。また、フクシマのことを考えれば、東京オリンピックの開催自体が「惨事便乗型資本主義 (Disaster Capitalism)」（ナオミ・クライン）のひとつの現象だともいえるだろう。

ある発言である[19]。国として、2020年までに福島第一原子力発電所の事故を解決すると世界に約束したのだと信じたい[20]。でなければ、日本人全員が「嘘つき」の誹りを免れない。

2020年東京大会まで、オリンピック関連の話題がメディアを席巻するだろう。それによって、物事の本質が報道されることなく、見失われていくだろう。だからこそオリンピックがフクシマを隠ぺいするようなことがあってはならない。オリンピックはフクシマの免罪符にならないし、放射能汚染の影響が目に見えないからといって、なかったことにはできない。オリンピックを通じてフクシマの現状を、原子力発電所の事故の経過を正直に世界に発信しなくてはならない。オリンピックやスポーツを隠れ蓑にしてはならないのだ。

【参考文献】

JOC Web サイト　http://www.joc.or.jp/

19　現実には福島第一原子力発電所の状況は予断を許さないし、漏れ出した放射能汚染水を港湾内でブロックできないのは明らかである。

20　とはいえ、福島第一原子力発電所の廃炉には40年以上かかるといわれている。つまり、安倍首相（当時）の発言は無責任と非難されても仕方がない。

2011年3月11日に出された原子力緊急事態宣言は、2019年10月現在も解除されていない。

2．パラリンピック　—もうひとつのオリンピック—

「アジア勢初」世界ランキング1位

２０１９年1月全豪オープン女子シングルスで初優勝した大坂なおみは、その後世界ランク1位となり「アジア勢男女を通じて史上初」とメディアがこぞって話題にし、大きなニュースとなった。

しかし、アジア勢でテニス世界ランキング1位となったのは、実は大坂が初めてではない。我々は「クニエダ」を忘れている。世界ランキング1位通算在位３１０週を数え「世界最高のプレイヤー」と称されるロジャー・フェデラーも、２００７年全仏オープンの際に、自身のグランドスラムの可能性について記者から質問を受け、「クニエダの方が自分よりグランドスラムに近い」と答えている。史上最高のプレイヤーといわれるフェデラーにこれほどまで認められている日本人テニスプレイヤー国枝慎吾は、２００６年には「アジア勢初」の世界ランキング1位になっており、その後フェデラーが予言したとおり２００７年にはグランドスラムを達成している。その後も着実に勝利を積み重ね、２０１９年3月の時点でグランドスラムを26勝し今も世界ランキング1位を誇っている[21]。

21　2019年4月1日現在。

先述した大坂なおみの世界ランキング1位の偉業報道を見てもわかるように、国内での認知度は彼の活躍と見合うものではない。それは世界の車いすテニスプレイヤーが一般のテニスプレイヤーと何ら変わらない組織に所属している地域が多いにも関わらず、日本の場合、2014年までは「一般」プレイヤーは文部科学省の管轄、車いすプレイヤーは厚生労働省の管轄であったことにも表れているかもしれない。すなわち、いまだに車いすプレイヤーは「福祉」や「治療目的」という側面が払しょくできず、「一般」のプレイヤーとは分けて考えられているのかもしれない。

パラリンピックの始まり

たしかにパラリンピックは治療の一環として始まった歴史がある。1948年、イギリスのストーク・マンデビル病院で脊髄損傷などの患者のため治療の一環として、ドイツ出身でユダヤ系医師ルートヴィヒ・グットマンが、車いすによるスポーツ競技を取り入れたことを契機としている。1948年オリンピック・ロンドン大会の開会式の日に、第二次世界大戦で負傷した兵士たちのリハビリテーションとして「手術よりスポーツを」の理念のもと、車いすの入院患者によるアーチェリー競技会が行われた。その後、参加者も増え国際大会として開催されるようになり、1960年のローマ・オリンピックと同じ場所で開催された国際ストーク・マンデビル車いす競技大会が、のちにパラリンピックの第一回大会と呼ばれるようになった。

このパラリンピックという名称は、「パラプレジア（Paraplegia）脊椎損傷等による下半身麻痺者」とオリンピックを掛け合わせた造語として誕生した[22]。しかしのちに、下半身不随者以外も参加するようになったことから、「パラプレジア」を「パラレル（Parallel）並列の」に読み替えて「もうひとつのオリンピック」として再解釈することとした。

もうひとつのオリンピック

この「もうひとつのオリンピック」という言葉は改めて見てみるとよくできた言葉であるかもしれない。パラリンピックの試合そのものは、それぞれが独自性をもって自立していて、オリンピックと比較するようなものではないということは確かだ。ただはからずもオリンピックをよくも悪くも照らし出してしまう「もうひとつの／対応した」オリンピックだという側面もあるかもしれない。

ひとつには冒頭に紹介した国内パラリンピック選手の「注目されなさ」で、そのことは明らかであろう。世界で活躍する選手を他国のプレイヤーによって気付かさ

22　1985年IOCが正式名称として認め、1988年ソウル大会よりパラリンピックを正式名称として使っている。

れる。これは視聴率重視のメディアが、魅力的なプレイをするパラリンピック選手を紹介しきれていない背景があるだろう。視聴率がとれない試合は企業にとって宣伝価値がない……。パラリンピックがメディアに取り上げられないのは、そんな国内企業とメディアの最悪な関係がスポーツの現場に居ついていることの証である。国内の注目度が上がらなければ、自ずとパラリンピック選手への支援も厳しい状態になるだろう。また、パラリンピックにはいわゆる「途上国」と呼ばれる経済的弱者の国や地域からも参加者が少ないという現状もある。スポーツにお金がかかりすぎる、そうした側面をパラリンピック参加国家のラインナップが浮き彫りにしている。

パラリンピックとドーピング

もうひとつはドーピングの問題だろう。パラリンピックはオリンピックの場合と異なり、薬物の使用は違法な筋力機能の向上のためのものではなく、身体の障害や内臓の機能維持のために必要不可欠である場合も多く、アンチ・ドーピングの立場からそれを単純に禁止することは困難な要素を含んでいる。「生理学的に自然な身体（すなわち薬物なしで自己完結している身体）」を前提としてきたアンチ・ドーピングの立場からすれば、非常に悩ましいところである。医療の助けを借りないとスポーツどころか生命の維持すら困難であるような選手が、ドーピング検査を受けなければならないおろかさ。「自然な身体=公平」を暗黙裡に前提としてきたスポーツ界の問題点がここで浮き彫りになっているといえるだろう。

ただ、一方でスポーツの可能性もパラリンピックが体現しているのではないだろうか。たとえば車いすバスケットボールである。車いすバスケットボールの選手は、一人ひとりが障害の程度に応じて、1.0点から0.5点きざみで4.5点まで決められており、持ち点でクラス分けされている。そして、常にコートでプレイする5人の選手の持ち点の合計が、14.0点以下でなければならないルールをもとにプレイする。こうしたルールは、一人ひとりが異なるからだを持つことを前提とし、しかし、ひとつのコートで一緒にプレイをし、試合が成り立つように公平性を確保している点で興味深い。いわゆるハンディキャップマッチである。多くのスポーツが、人の身体は一律のものとみなし——本来、人のからだは一人ひとり違うのが当然でそこでの「不公平」は議論にならない——共通のルールをもとに試合を行うことが公平性を保つ条件だと考えられているのとは異なり、身体の個体差をそもそもの考慮に入れて、いかに一緒に試合の場に立ち会うかに意識を向けている。そこには同質の人間を集めて試合をし、その条件にそぐわない人を排除する観念はない。そもそも人は一人ひとり違うのである。その違いを違いのまま受け止めて、一緒のコートにたつ可能性を体現している。ここにスポーツの未来像があるのではないだろうか。

このようにパラリンピックからスポーツ全体を見渡してみると、スポーツの問題点を指摘しているともいえるし、だからこそスポーツの可能性を広げているともいえる。ここが、パラリンピックが「もうひとつのオリンピック」といわれるゆえんかもしれない。

3．100メートル走　―100分の1秒のスタディオン―

古代オリンピックの短距離走

人がいわゆる「スポーツ」と呼ばれるものを始めたころから「速く走る」ことに強いあこがれを感じてきたことにまちがいはない。現在のオリンピック競技大会でも短距離走は花形競技の筆頭にあげられるが、それはオリンピア祭典競技（古代オリンピック）から続くいわば「伝統」である。古代ギリシャのオリンピア祭典競技は紀元前776年に第一回大会が開催されたとされるが、種目は短距離走のみであったといわれている。古代オリンピアの聖地に競走のために設えた「スタディオン」において、現在の単位で換算すると約191m（この距離を1スタディオンと呼ぶ）の直線距離で競われた。そもそもオリンピア祭典競技自体が全能の神ゼウスに捧げるものであったが、この1スタディオンはゼウス神の足裏600歩分の距離だと言い伝えられている。その後様々な種目が加わることになるが、短距離走は途絶えることなく現在に引き継がれている。すなわちオリンピック競技の原点といえる競技が、短距離走なのである。

速く走ることへのあこがれ

「速く走る」ことへのあこがれは現代の我々も変わらない。ウサイン・ボルトの神々しいまでの大きなストライドや、中盤から一気に加速するスピードの前では思わず言葉を失ってしまう。今も昔も「速く走る」ことをめざし「競走」をすることで、最も速いのは誰かを決め、その体現者を尊んでもきた。速く走ることへのあこがれ、速く走る者へのあこがれ……。「競走」という競技は、その「あこがれ」を目の前に分かりやすい形として提示する場であった。そうすることで「速さ」は、「感じ取る」ことができ、みんなが「共有できる」ものとなる。競走が人々の「あこがれ」を象（かたど）ってきたのである。

しかし現在、そのあこがれの象り方がまったく違う方向へと向かっているのではないかと感じられる。原始以来の速さへのあこがれの感覚は、人が「感じ取れる」ことから遠く乖離してしまっているのではないだろうか。

現在の主な競技会では、１００m走はすべて写真判定システムが用いられている。なにも順位判定が困難な場面のみ、このシステムを機能させているわけではない。すべてのレースにおいて、選手がフィニッシュラインを通過する瞬間だけ撮影できる時計内蔵の特殊なカメラによって撮影されている。この写真の画像には１００分の１秒ごとに縦線が引かれており、「写真判定員」によって選手の胴体部分がフィニッシュした瞬間が読み取られる。その判定の情報をもとに、選手と我々は二次的に「速さ」を「知らされる」。誰が最も速く走ったのか、100mを何秒○○の速さで走ったのか、世界新記録は更新されたのか……。もはや、「速さ」は「感じ取る」ものから、「知らされる」ものへと変化しようとしている。

客観的な記録によって100m走競技が数値化され判定されるようになったときから走者は、同じ競技会でいっしょに走るライバルだけに勝てばいい訳ではなくなってしまった。自分が出場しない世界中の競技会の選手、それから今はもう現役の選手ですらない「歴代の記録」という相手とも競わなければならなくなったといえるだろう。競走相手は目の前にいる生身の人間だけではなくなり、想像上のライバル――いわば「観念」の走者と競うことになる。ウサイン・ボルトのもつ9秒58……。今度は誰がその壁を破るのか……。速さへのあこがれは「記録更新への期待」へと姿を変え、走者を知らず知らずのうちに、居合わせることもない走者同士の競走に駆り立てる。

100分の1秒を競う

走者が居合わせることのない「観念の身体」とも競走しなくてはならないときに実は「100分の1秒」という微細な時間が俄然意味をもってくる。しかしこの「100分の1秒」という時間をちょっと立ち止まって考えてみよう。もちろん人間の肉眼では感じ取ることができない、ほとんど無意味なほどの時間である。いや、よくよく考えると「無意味」どころではない。たとえば人との待ち合わせで100分の1秒相手が遅れたからと言って相手を咎めることはありえないし、100分の1秒速く仕事を片付けたとして何か自慢できるようなことでもない。それどころか、そういうことを想定することすら、ばかばかしい。100分の1秒は私たちにとってそういう時間である。「無意味」な時間どころか、日常生活でその差を主張することすら疎んじられる。

こんなふつうの感覚からすれば「ほとんど同じ」時間が、100m走の記録にとってはこの100分の1秒には大きな重みがある。こう記すと、何を愚かなことを言っているのだという声が聞こえてきそうである——「確かに人の待ち合わせであれば、100分の1秒どころか1分であっても誤差内だろう。しかし、工業製品を見てみればいい。1000分の1ミリ単位で、技術を磨いているではないか。東京証券取引所ではこれまで2~3秒かかっていた売買注文処理速度が、2015年にリニューアルされたシステムで2000分の1秒にまで短縮している。このシステムでの売買なら100分の1秒でどれほどの利益と損害が積み重なると思っているのだ。物事の差異や単位は変化するものだ。時間や長さなど、そもそも区切りのないものに対する線引きは、その「場」が決めるのだ」——と。

そうした意見に耳を傾けるとすれば、100m走の100分の1秒にはどんな意味があるのか改めて考えてみることも必要だろう。

まず、必ず順位をつけなければならない、しかも極力同着をさけなければならないときに、微細な差異は意味をもつ。レースの順位をめぐっては、これまで幾度となくもめごとが起こっている。当然、それが10分の1秒の計測に比べ、100分の1秒の計測の方がもめごとは減ることは間違いない。スポーツ界で依然、優勝劣敗主義がなくならない現状においては、その微細な差異は本領を発揮する。

理由はそれだけではない。人は鳥のように空を飛ぶこともできなければ、獲物を追う肉食動物のように時速100㎞で走る脚力もない。100mを走る人間の肉体には、限界があるはずである。走るというシンプルな競技ゆえに、画期的な道具の進歩により目覚ましいタイムの更新があることも考えにくい。そうであるならば、記録はこれから先、劇的には更新されないだろう。もう、肉体の限界がきていることは、言葉に出さないだけで、うすうすみんな気づいている。しかし常に新記録の更新にのみ関心が向かう100m走において、それでは人々の要求が満たされないことになる。そこで登場するのは100分の1秒の単位である。それなら、なんとかなるかもしれない。わずかに希望を残すのは、人が作り上げる微細な時間である。人間がドーピングもせず、「自然な身体」での100m走に競走の余地がほとんど残されていないのであれば、「差」を人工的に作ってしまおう。その微細な差の中でしか競走はできない。100分の1秒は、現代に用意された新たな「スタディオン」である。

人間の速さを求める競走には際限がない。一方、現在に生きる人間が常に人類最速であることにも限界がある。そこで、人は人工的に作り上げた微細な差異での競走の場を用意した。これまでも確かにスポーツ空間は人間が人工的に造り上げてはきた。プールやスケート場、ドーム球場など、新たなスポーツ空間を造り上げることによって、人はスポーツという競争の場を創造してきた。その一つが、「100分の1秒のスタディオン」というスポーツ空間である。

ここで、その「100分の1秒のスタディオン」には、いったい誰が参加しているのか今一度問うてみる必要がある。生き生きとした人間の躍動がそこにはあるだろうか。客観化された身体、観念の身体のみが競走してはいないだろうか。そこにあるのは100分の1秒ごとの縦線の中に静止したままの画像だけ、ということはないか。この「100分の1秒のスタディオン」に入るために、ドーピングという鎧を着てはいないだろうか。経済的な後ろ盾を持たない選手が、入り口で入場を拒否されてはいないだろうか……。一方、観客は熱い声援を送っているだろうか。観客席で、「速く走る」という原始からのあこがれの対象を見届けるのは、いつも冷静に判定する写真システムだけということにはなりはしないか。やけににぎやかなのは、スポンサー企業の看板だけということはないだろうか……。

人が走るというプリミティブな行為の崇高さは、やはり人が感じることなしには完結しない。工業製品や証券取引とは話が違う。人の走りのすばらしさは、「知らされる」ものではなく、直に感じ取るものであるはずだ。速く走ることへのあこがれは、観念ではない。今、ここにある身体へと向けられるものであるはずである。

4. フィギュアスケート　―美の形(フィギュア)―

フィギュアスケートは何を競う？

フィギュアスケートはいったい「何を」競うスポーツなのだろうか？　テクニック？　美しさ？　ジャンプの回転数？　それとも、誰が一番観客を魅了したかを競うのだろうか？

そもそもこの問いは「何かを競わなければならない」という前提がない限り、成立しない問いである。もちろんフィギュアスケートは、(他のスポーツと同じく) 必ずしも何かを競う必要はない。スケーターは氷上を滑る独特の感覚を音楽にのせ、その身をその場に投げ出すがごとくに滑り舞う、それを見る観客は、スケーターの一挙手一投足に酔いしれる……。フィギュアの魅力はそれ以上でもそれ以下でもないように思う。そう考えてみればある意味、舞踊公演や演奏会と変わりはないといえるかもしれない。

ただ、フィギュアスケートはしばしば「スポーツ」と「芸術性」の融合と表現される。ここでの「スポーツ」というのは、フィギュアが冬季オリンピックの種目であるということですでに説明がつくだろう。すなわち、順位をつけることが必須である「競技」でもあり、舞踊公演や演奏会と同列に語られるだけでは済まされない位置にある。万人に分かりやすい形で (客観的に) 勝ち負けが決定されなければならない――それがオリンピック種目に代表されるような競技スポーツの必須条件である。しかも、しばしば芸術作品にみられるように、その価値が１００年後民衆に認められたというのでは話にならない。演技が終わったその直後に、結果は明らかな形で示される必要がある。誰が誰より何点勝っているのか――。

しかしそうした決定を下す難しさはよく考えなくてもわかる。「スポーツ」であるが、一方で「芸術」でもあるフィギュアスケートが、誰が誰に何点勝っていたかなどと計測し、それを説明できるはずはない。そこで、冒頭で述べた問いである。フィギュアスケートはいったい何を競うスポーツなのか？ それがはっきりしない限り、「差」はつけられない。世界で活躍するようなトップレベルのスケーターはライバルより0.01ポイント多く獲得するために日々精進している。その微細なポイントの差の根拠はどこにあるのだろう？ その差はどのような考えを基にどうやって計算されているのだろうか。

フィギュアの不正採点疑惑とルール改正

フィギュアが何を競っているのかを考えるために、２００２年冬季オリンピック、ソルトレイクシティ大会での不正採点疑惑を取り上げてみようと思う。それはペア競技[23]のフリースケーティングにおいて、ロシア組とカナダ組の採点でおこった問題のことをいう。採点では９人のジャッジのうち５人がロシア組に１位をつけ、結果金メダルを獲得した。しかし後日開催されたＩＳＵ（国際スケート連盟）の技術委員会においてフランスの審判が、アイスダンスでフランス組に勝たせる代わりにペアではロシア組に有利にジャッジするようにフランス連盟会長から要請があったと証言したことで物議をかもすことになった。結局フランスの審判の判定を削除し、カナダ組にも金メダルを授与するに至っている[24]。そうした不正採点を受けて採点規則が大きく変更されることになり、ジャッジの主観をもとにした採点ではなく、個々の技が細分化されて得点化されるルールへ変更することとなる。しかしその後も改善される兆しをみせず、２０１８年冬季オリンピック平昌大会では、ペアと男子の採点において、中国ジャッジにナショナルバイアスがあったとしてＩＳＵが懲罰を課している。

ここで明るみに出たのは、いまだ続く「国家」と「国家」の競い合いという事実だろう。国際大会とはいえ、フィギュアは（オリンピックレベルという意味で）限定された地域間の閉じられた世界の中で行われている。現在（２０１９年春）ＩＳＵが発表している世界ランキング[25]ベスト１００を見ても日本とロシア、アメリカ、カナダ、ヨーロッパの数ヶ国（イタリアやフランスなど）がそのほとんどを占める。アジアの国々も時々ちらっとお目見えするが、アフ

23　フィギュアスケートにはシングル、ペア、アイスダンスの３つの種目がある。
24　実際には不正採点はなかったという説もある。
25　ISU World Standings for Single & Pair Skating and Ice Dance
http://www.isuresults.com/ws/ws/wsmen.htm　(2019 年 3 月 23 日確認)。

リカ勢にいたっては皆無の状態。そこでの競争は限られた国家間の威信を競うという構図が見え隠れする。だから、さきほどのソルトレイクシティ大会のような「国家間での勝負の交換」疑惑が起こるのである。

さすがにこのソルトレイクの不正採点疑惑への反響は大きく、問題が起こった数日後にはＩＳＵが「ソルトレイクシティで発生したような判定を巡るトラブルを一掃する為のシステム」として「新採点システム（ＩＳＵジャッジング・システム）」を発表している。このシステムでは判定を匿名化し、さらにそれを無作為に抽出するという方法を採用している。また、演技要素（エレメンツ）や芸術点が細分化して採点されることになり、基礎点からそれらの出来具合により加点、減点がなされるようになった。たとえばジャンプを行い着氷に失敗（ステッピングアウト）したとすると、着氷時の失敗に対する減点はあるが、ジャンプそのものへの評価は行われるようになる、そういうことだ。すなわちこれまで審判（ジャッジ）が一人で技術点、芸術点2項目を判定していたことを、新システムではその2項目をそれぞれ細分化し、それらの判定を複数の審判が分業することで不正を起こしにくくし、より「公平」な判断をするための処置が講じられた。さらに2018年の新ルールでは、ジャッジがジャンプ、スピン、ステップの技を評価する出来栄え点（ＧＯＥ）を、従来の7段階から11段階に拡大した。

細分化される美

しかし、どうだろう？　「演技の細分化」などということは、スケーターが演技を進化させていく過程においては必要な考え方なのかもしれないが、それが作品として出来上がっている最終段階で、解体し細分化する必要はどこにあるのだろうか。それが「美」を求める人たちがすることだろうか？　技の細分化にともない現在のフィギュアではビデオでジャンプを判定しているが、これなどもたとえば、ハーモニーを奏で反響し合っているオーケストラの、各々の楽器音をわざわざ取り出して、一つ一つを計器で計測していくようなものである。そんなことは音楽を愛することとは、もっともかけ離れた行為であるはずである。そうであるなら、フィギュアスケートも同じなのではないだろうか。フィギュアスケートのひと流れの動きが、もはや肉眼で見分けることができない「パーツ」に細分化されバラバラに解体されているのだ。

これでは観客の感覚とかけ離れていく。観客が生身の身体で感じ取る魅力が置き去りにされてしまう。もちろん、選手にとって「公平」な審判がなされているという基本がなければ、安心して演技には臨めないのは当然である。しかし、その公平性や客観性を確保するあまり、フィギュアスケートの醍醐味まで判定という名のもとに切り刻まれるのであれば、フィギュアの魅力自体が根本的に解体しかねない。

そこに、「人を魅了する美」を追求しつつ、一方で「競技スポーツ」として成立させなければならないフィギュアスケートの大きな苦悩が隠されているのかもしれない。「美」はおそらくおおよそ主観的なものでしかありえず、それを客観的に判断できるはずもなく、ましてや数値化などは論外だろう。もちろん競争にもなじまないのは言うまでもない。人を魅了し、スケートの神様に愛でられる演技を探求するのか……それとも他の選手より0.01多くのスコアを獲得することに執心するのか……フィギュアスケートはそもそも両立しえない課題を抱えこむことになってはいないだろうか。

フィギュアスケートはいったい「何を」競うスポーツなのだろうか？　テクニック？　美しさ？　ジャンプの回転数？　それとも、誰が一番観客を魅了したかを競うのだろうか？　それとも「美の形（フィギュア）」は競う行為を超越したところにこそあるのだろうか？

5．勝利至上主義　―何に「勝つ」？―

「勝利」に関わる答えの出ない問い

スポーツの世界で暴力（いわゆる「体罰」）が問題になっている。特に２０１２年に起きた大阪市立桜宮高校の暴力事件が起こった後は、世間が敏感にスポーツと暴力の問題に反応しはじめた。それを受けて文部科学省は、２０１３年に「運動部活動での指導のガイドライン」を示し、スポーツを行う上で勝利を目指すことは自然なことではあるという一定の理解を示した上で、しかし「勝つことのみを重視し、過重な練習を強いないこと」が求められるとして過度な「勝利至上主義」に対し警鐘をならしている。桜宮高校の事件後も学校現場での暴力問題が後を絶たない昨今、社会の喫緊の問題として「勝利至上主義」の賛否にも議論が波及したといえるだろう。学校内の暴力の問題は、「勝利至上主義」がその大きな原因であるかどうかはまた別の議論が必要であるが、しかし現在において勝利至上主義について深く丁寧に考えておかなくてはならない事柄であることは確かなようである。

勝利至上主義についての意見には賛否織り交ぜて、それぞれの立場から様々に論じられている。まず、スポーツの世界において勝ち負けはつきもの（特にプロ選手にいたっては死活問題）、「スポーツの上達」という意味においても「勝利」を「至上」として目的を設定するところにスポーツが目指すべき道があるという立場がある。「勝利至上主義」とまではいかないものの「勝ちを一心に目指して何が悪いのか」と考える意見である。また、——今はこんな極端なことをする教育現場もないだろうが——勝利至上主義「絶対」反対派。いわゆる勝敗や順位をつけなければよかろう、という考え方である。徒競走で順位をつけないために、手をつないでみんなでゴールする、学芸会などで、みんなで桃太郎を演じるなどという例がそうだ。しかし、勝利至上主義が問題だからといって、勝敗や順位をつけないとなるとあまりにもナイーブに過ぎるという点で、ほとんどの人が同意するはずである。

さらに、「勝利」よりさらに大切なものがある派。「努力の大切さ」「フェアプレイ精神」「スポーツパーソンシップ」「友情」「絆」「責任感の育成」などを重視する。先にあげた文部科学省のガイドラインもよく読めばこの立場だということがわかる。「勝つ」結果よりもその過程を重視するということだろう。確かにこれは教育的立場からいうと大切なことを説いている。結果がすべてではないという思考は、人が成熟していく過程で必ず考慮に入れておくべき考え方だろう。ただ改めて考えてみると、目指すべき目的があってそこに向かうために最善の方法を選択するというのがふつうであろう。方法やその過程が正しければゴールはどうだっていいというのはおかしな話である。目的と方法の整合性がぴったりとくることこそ、人はその事柄に体重がかけられる。そうでなければ迷子になるかもしれない。勝てばいいの？

……勝たなくていいの？

この過程重視派とよく似た路線に、克己派がある。スポーツは相手に勝つことが重要ではない。自分に勝つことが最終的な目的なのだというものだ。先の文科省ガイドラインにはこの考え方も採用されている。これなどは、なんとストイックな考え方だろうかと思ってしまう。孤高の人を連想させるこの克己の思想は典型的な近代の考え方だろう。確かにこれなら他者との勝敗結果に踊らされることなく、自ら立てた目的のために日々研鑽することができそうである。しかし、他人に勝つのか自分に勝つのか、勝負を挑む相手が変わっただけだともいえる。他人との勝負なら、体調が悪ければ試合自体をキャンセルすることもできそうだが、自分からは逃げられない。〈わたし〉が〈わたし〉に勝負を挑むのだから。この自己完結型の人は、人と深く交わってスポーツをしたりクラブ活動したりする必要がないようにさえ思えてくるのだが、どうだろうか？「努力」「努力」で自分を縛るなかで、スポーツの快楽にこの身を投じることができるのだろうか？

「勝利」の対義語は？

「勝利至上主義」を丁寧に考えれば考えるほど、本当に難しい。これまでにすでに出されている考え方に、少しでも新しい考え方を付け加えるとすれば、どう考えていけばいいのだろう。

では試しに、勝利至上主義の「勝利」について考えてみよう。「勝利」を排他的に目指すことが勝利至上主義であるのだから、その「勝利」が何であるか考えれば、勝利至上主義についての思考は一歩前進するかもしれない。勝利とは何かを考えるときに「ここでは勝利とは何でないか」、すなわち対義語を考えてみたいと思う。おそらくこれを読んでいる読者は即座に「敗北」と答えるに違いない。では本当に勝利の対義語は敗北でいいのか。

ここで話題を沖縄の「手」と呼ばれる武道に移してみたい。「手」は「ティー」と発音し、「空手」のルーツといわれている沖縄古武道である。「手」は15世紀ごろから発達したといわれているが、当時琉球と呼ばれた当地では、清とヤマトの薩摩藩に挟まれ、辛苦を舐めた時代に発達した武術である。琉球は薩摩の支配下で禁武政策をとらされ、武器をもつことはもちろんのこと、あからさまな抵抗を示すこともままならない時代であった。しかし、支配者の言いなりになって殺されるだけではいけない。自分たちで自分たちを守る必要もある。そうした世情の中、「手」は密かに伝承されてきた。独自の武器を待たず、時には日常道具を武器として用いたりして、自分たちで自分たちを守ってきた。その「手」の真髄は「勝ってはいけない。でも負けてもいけない」。勝って支配者に目をつけられれば一族もろとも全滅させられるという最悪の事態に陥る。しかし、むざむざと殺されれば元も子もない。これが沖縄古武術「手」の勝負にかかわる大切な思想である。

こうして考えると沖縄の「手」は、勝ちを目指して、しかしそれがかなわず「引き分ける」にもっていっているわけではない。勝ってはいけない、しかし負けてはいけないという領域で修業している身体技法である。この例を見てみると、「勝つ」ことの対義語が単純に「負ける」でないことがわかる。「勝つ」ということの複雑さがここでは明らかになるだろう。

この沖縄の例は「勝利至上主義」という思想を根本的に超越しているように思えてならない。ふつうは、「勝たない」ことと「負けない」ことは同時に成り立つことが不可能だと考えるだろう。これはスポーツの場でいう「引き分け」でもない。そもそも勝とうとして結果として引き分けてしまったのではなく、最初から「勝たない」ことを目指しながら「負けない」ことを体現しているのであるのだから。

勝たない、でも負けない

この「勝たないけど負けない」が両立できるのはどういう状態なのかを考えてみたい。それは対立する他者と自己の境界を限りなく無にしていくことではないだろうか。勝ったり負けたりする間は、両者は無限に乖離している。これらの境界線が流動的になれば、勝ちと負けを超えたところで、あたかも「ひとつの身体」のごとくに究極のパフォーマンスの応酬が行われるだろう。沖縄の「手」の目指す技法の究極は、相手と自分の境界をできるだけ消し去ることで、相手から「敵」と見なされない「自分」を究極の姿としてきたのではないだろうか[26]。相手と限りなく一体化した自分を生きることで、辛苦の時代を生き延びてきたのだろう。このことが究極の「勝ち」も「負け」もない境地なのである。同時に、それこそがスポーツの快楽であり、スポーツの目的であると思える。相手の身体が自分のことのように感じられる、相手のパフォーマンスが自らの身体がなしたような形で実現される。それがスポーツの快楽である。しかも、そのような身体をもったものは、実際の試合において「勝利」することなど、他愛ない。相手の身体が自分の身体のように感じるのであるのだから。「勝つ」ということはそういうものだ。――さてあなたは、何に勝つ？　そうして、勝つってどういうことだと思うだろうか？

26　内田樹：「複素性身体性論―無敵の探究」、石川准：『身体をめぐるレッスン　3　脈打つ身体』、岩波書店、2007 年、pp.153-178。

6. 審判 ―人か機械か？ あなたはどちらに「信」を置きますか？―

審判の機械化

スポーツのルールは時代とともに変わるものだ。平泳ぎの頭水没が違反でなくなったのは1986年。バレーボールやバドミントンがサーブポイント制からラリーポイント制に変わったのは2000年をまたぐ前後である（1999年、2006年）。フィギュアスケートのコンパルソリー（氷上に図形を描く規定演技）がなくなったのは1990年だ。それはいったい何のため？ 誰のため？――競技を放送するメディアの都合なのか、観客の好みにルールを合わせにいくのか、もしくはどこかの一部の人たちの圧力がものを言うのか……。そんなことを考えてしまう。

では最近のルール改正で注目すべきはどんなことだろう？ そのひとつに「審判の在り方の変更」が挙げられるかもしれない。

たとえば柔道ではそれまで1名の主審と2名の副審のみで判定していたものが、2007年以降大きな大会ではジュリーと呼ばれる審判委員が加わることになった。ジュリーは、判定が微妙な場面でCARE（Computer Aided Replay）システムと呼ばれる2方向から撮影したビデオ映像をもとに審判の判断を補助する役割を担う。ただ実際にはジュリーの役割は「補助」で終わらず、2012年ロンドンオリンピック時、男子66キロ級の試合において主審らの勝敗の判定をジュリーが覆すということが起こり大きな話題となった。「勝敗」というスポーツにとって最も重要な判断に対して、主審に権限があるのか、はたまたCAREシステムという眼を装備したジュリーに権限があるのか……。この一件は柔道の審判内の力関係が大きく揺らいだことが示されたといえるだろう。

オリンピックという大きな舞台で世界中の注目を集めたビデオ判定のシステム。これは柔道だけでなく多くのスポーツの中で採用されている、いわばスポーツルール界の「流行」である。大相撲やバレーボールにでも採用されている。ボクシングでも2008年ビデオ判定が導入されているし、ラグビーでも同時期にTMO (Television Match Official) と呼ばれるシステムが導入され、審判とは別室で映像を確認するビデオレフリーが採用されている。

ボールを追う鷹(ホーク)の眼(アイ)

サッカーでは2012年から2つのゴール機械判定技術を採用している。一会場につき20万ドル前後かかるとも言われているこれらのシステムは、費用の面でも大きな変更であるに違いない。システムの内の一つはイギリスのホーク・アイ・イノベーションズ社が開発した「ホーク・アイ・システム」と呼ばれるものだ。ゴールの周辺に設置された7台前後のハイスピードカメラがあらゆる角度から撮影、それをコンピューターが瞬時に解析し、ゴールしたか否かを審判の腕時計に信号を送って知らせる仕組みである。もう一方は、「ゴールレフシステム」と呼ばれるものだ。これはドイツとデンマークの合弁会社が開発したシステムである。ボールにマイクロチップを埋めこみ、ゴールに入れば、瞬時に電波で審判の腕時計に「ＧＯＡＬ」と表示されることになっている。

その後２０１８年ワールドカップロシア大会ではＶＡＲ（Video Assistant Referee）が導入されている。試合会場のソチから１６００㎞以上離れたモスクワのオペレーションルームで、何台も置かれた画面上において「本当にゴールが決まったのか」「ファウルはなかったのか」が確認された。

テニスもサッカーと同じ「ホーク・アイ・システム」を２００６年から導入しているが、テニスはそのシステムをより「スペクタクル」として観客に「見せている」。選手は審判の判定に不服がある場合、ビデオ判定を要求する権利を、1セットにつき3回持つことができることになっている。この要求を「チャレンジ」とよぶ。選手が「チャレンジ」すればコートの周囲に設置された10台のカメラがとらえた映像を、コンピューターが瞬時に映像解析する。それがコート内のスクリーンとテレビ放送においてＣＧ加工された映像が映し出されることになっており、観客や視聴者にも目で確認できるようになっている。その映像は、客席もラインもボールもすべてがCG画像。ボールの軌道も黄色い線で示され、よりわかりやすいように加工されている。画像はまず俯瞰された構図から(まさしく鷹の眼!)始まり、ボールがこちらに近づいてくるにつれ、ボールを真正面でとらえることができる視点へとスムーズに移動していく。映像を見ている側は、あたかもコート内のライン上に立ち、ボールがバウンドする高さと同じ位置でボールの行く末を確認したような気にさせられる。画像の最後には、ボールがバウンドした場所にマークが付けられ「IN」もしくは「OUT」の文字が示される。こうした一連の「よくできた」映像が、プレイ後数秒で準備できるというのだから驚かずにはいられない。

テニスの「ホーク・アイ・システム」のCG画像は、確かに一部の観客の間で、「判定の根拠が分かりやすい」または「映像を見るだけでも楽しめる」などという好評価を受けているようだ。また、テニスだけではなくスポーツ全般で審判の機械化が進み、より「客観的」な判定ができるようになり、誤審が減少する可能性を歓迎する向きもあるにはあるだろう。プレイヤーにとってみれば誤審は大きな障壁。そのやりきれなさをぬぐえるのであれば、いっそ機械に判断をゆだねてみようというのも、分からなくはない。ただ、そうとは考えない選手もいる。

信頼に値するものは？

かつて史上最高のテニスプレイヤーだと言われたロジャー・フェデラーは２００７年ウィンブルドンの決勝でナダルと対戦中、ホーク・アイ・システムを酷評している（BBC SPORT TENNIS Wimbledon 2007）。彼はコートチェンジの時に主審に悪態をつきつづけていた。電子システムで自分を〝殺す〟のか、と……。その後も彼は、ホーク・アイ・システムはナンセンスで、審判の権威を貶めるものであるとの発言をしている[27]。２００９年のＵＳオープンのデルポトロ戦では、相手ショットをアウトと確信しチャレンジをする。しかしホーク・アイのシステムではインの判定。フェデラーは「ボールがアウトしているマーク（コートに残るボールの跡。ホーク・アイが採用されるまでは、このマークが判定の根拠になっていた）があるじゃないか。自分はボールを見ていたんだ」と主審に抗議をする。しかし、ホーク・アイには勝てず、結局フェデラーは暴言をはいたということで罰金処分を受けている。彼のやりきれなさの原因は、最終判断を電子システムが掌握し、審判や選手を含めた「人」が、口出しできない無言の圧力に対してのように思われる。「人同士がプレイして人がジャッジするのがテニス」。そうフェデラーは考えているのではないだろうか。

27　神和住純：「HAWK EYE SYSTEM」、『法政大学体育・スポーツ研究センター紀要』27、2009年。

そもそもスポーツのルールが成り立つ前提を確認しておかなくてはならないだろう。ルールはまず、どのようなルールであれ、相手も同じルールを守るだろうという相手選手に対する「信」がなければ、そもそも同じスポーツの場にさえつけないものである。ルールが公平であるか、ルールが時代に合っているかなどと議論は尽きない（だからルールが常に変更され続けるのだ）が、その前提に相手への信頼がスポーツを成り立たせている。それと同時に、審判にもいえる。審判に対する信頼がスポーツの場に立つ前提となっている。

では、あなたは機械の判定を信じるのか、人の判定を信じるのか？ すなわちそれが今、問われている。これはそういう問題なのだ。たとえ肉眼で判定が付きづらいプレイに対しても、経験をもとに審判生命を賭して下した判定とどこかの技術者が机の上で開発したシステムと、最終的にどちらに信を預けるだろう。

機械は人よりも信じるに足るという根拠はどこにあるのだろう。CG映像は実際の現場をそのまま写し取ったものであるという証拠はどこにあるのだろう。私たちはCG画像が如何様にも瞬時に加工できるということは、すでに熟知している。

「人同士がプレイして人がジャッジするのがテニス」――このフェデラーの態度はスポーツの基盤をうまく言い当てている。先ほども述べたように、ルールが成り立つ前提は、対戦相手がルールを同様に守るであろうという強い信頼をもとにスポーツは成り立っている。人に対する信頼。それがいくら世紀の一戦で、好戦的態度をメラメラと燃えたぎらすほどの宿敵であっても、スポーツの場に互いに立つ以上、その基盤には相手への信頼がある——人への信頼。人のからだへの信頼。——それが成り立たないと、スポーツがそもそも成り立たない。そんなスポーツの世界で、人への信頼をやすやすと機械にその座をゆずりわたしてもいいのだろうか？　スポーツは人が、そして人のからだがするのである。審判の肉眼よりも「ホーク・アイ」に信を置くのであれば、スポーツの基盤そのものを否定することに他ならないのである。そんなことならテレビゲームでテニスを楽しんで「これがテニスなんだ」と納得していればいい。

7. フェアネス　―誰にとってのフェアなのか？―

ブレードランナー

彼ははたして「フェア」なのか？――そう問われたのは、2012年8月ロンドンで開催されたオリンピック、パラリンピックの両方に出場したオスカー・ピストリウスである。彼はその後2013年に恋人を銃で撃った事件を引き起こし悪い意味で注目されてしまうのであるが、それまでは義足で走る姿から「ブレードランナー」とも呼ばれた英雄であった。

彼は南アフリカで先天的に腓骨がない状態で誕生し、生後11ヶ月のときに膝から下を切断している。その後、高校時代にラグビーや水泳などスポーツに親しんだが、ラグビーで膝を負傷し、そのリハビリ中に陸上競技を薦められ転向した。以後短距離走で素晴らしい成績をあげる一流アスリートになった。パラリンピック・北京大会では100m、200m、400mに出場し金メダル3冠を達成している。

パラリンピックで最高の栄誉を手にした彼は（あえてこの言葉を用いるが）「健常者」の大会参加を目指すことになる。しかし、国際陸上競技連盟が、彼のカーボン製義足の推進力が競技規定に抵触し「健常者より有利である」との見解を示し、「健常者」の大会に出場することを認めなかった。そうして事実上一度はピストリウスのオリンピック出場の道は閉ざされたかにみえたが、その後スポーツ仲裁裁判所（ＣＡＳ）へ提訴する。ＣＡＳは「義足が人間の足よりも優位であるという十分な証拠はない」という研究と証言で、数ヶ月の審議の結果、ピストリウスが「健常者」の大会へ出場することを認める判決を下した。

ピストリウスは結局、オリンピック・ロンドン大会で４００ｍと４×４００ｍリレーの選手として出場を果たした。ただ、彼の参加はスポーツ仲裁裁判所を巻き込む論争を呼び、参加が決まったのちにも、本文最初に触れたような――彼はフェアなのか？――に代表されるような様々な論議が巻き起こり、メディアを賑わせた。

だが実は、彼はオリンピック・パラリンピック両方に出場した唯一の選手ではないのである。２０１２年のオリンピック・ロンドン大会では卓球のナタリア・パルティカ選手がパラリンピックと両方に出場している。さらに２００８年、北京で行われたオリンピック・パラリンピックでも、水泳のナタリー・デュトワ選手が出場を果たしている。

自然な身体と公平性

では、なぜ彼だけが論争の対象になるのだろうか？　それは同じく両大会に出場した卓球のナタリア・パルティカや水泳のナタリー・デュトワが単純に言えば加工されていない、「自然な身体」そのままで出場したことに理由があるだろう。彼女たちは、義足や義手をつけない状態で競技をする。ピストリウスは「フェア」なのか？——この問いが彼に差し向けられた背景には、彼が「自然な身体」のランナーではなく、（誤解を恐れずに言えば）加工された身体であったことによって生まれたものだろう。そもそも生物学上の「自然な身体」（そもそもそれが存在すればの話だが）における競争に「フェアであるかどうか」の議論は存在しない。選手間の筋力の差、手脚の長短、身長の高低、能力の遺伝などを理由に出場云々が問題視されることはない。だがよく考えれば、「自然な身体」ほど多様でこれほど選手間が不公平な状態におかれる条件もないだろう。ナタリア・パルティカやナタリー・デュトワも不公平な条件で競争をしているともいえる。本人たちは決して望まないだろうし、個人的にはそうすることが良いとは思わないが——彼女たちが出場する試合はフェアネスを確保するためにハンディキャップレースにすべきだという議論は聞いたことがない。そこには「自然な身体＝公平（フェア）」という身体イデオロギーが近代スポーツの中に暗黙裡に存在することが分かる。だからドーピングも「自然な身体」ではないゆえに、「アン・フェア」だと断定されるのだろう。「自然な身体」——それは加工されない生まれながらの身体に限定され、しかも薬物などの異物に頼らない身体——が公平性（フェアネス）を担保する、これが近代スポーツの神話なのである。フェアネスは、スポーツにおける「あるべき精神性」を示す言葉であると同時に、多分に「身体的価値観」をも含んだ概念であることを念頭に置かなければならないだろう。フェアはスポーツを行うときの心構えを指しているかにみえて、実は「身体の表面上の見た目」のことを問題にしているのかもしれない。

そうしたことを踏まえた上で、「自然な身体＝公平（フェア）」はいかなる背景をもとに成立しているのか、注意深く見ていく必要があるだろう。フェア（fair）はもちろん英語をそのまま日本語に転用した言葉である。近年、スポーツマンシップがジェンダーの問題を含む（スポーツマンの「マン」が男性を表す概念である）とされて使用が控えられるようになり、フェアプレイという言葉が日本語としてますます多用されるようになった。

どの視点からの「フェア」か？

「フェア」（fair）は、手元の辞典[28]によると「公正な」、「公平な」という意味がまず最初にでてくる。これが、もはや日本語にもなっているフェアプレイもしくはフェアネスという言葉を支える意味の柱であり、正しい基準に則った行為を指すことになる。これを野球などの場面で使えば「フェアグラウンド」「フェアボール」などとなり、ファウルの対義語として「規定の内」「規則に則った」という意味になる。

ただ、fair の原義は「美しい」であることも忘れてはならない。たとえば映画やミュー

28『NEW COLLEGE 新英和中辞典』、研究社、第13刷、1998年。

ジカルで有名な「マイ・フェア・レディ」の「フェア」がそれにあたり、特に女性が美しいことをさす。すなわち野球のフェアグラウンドになぞらえるなら「美意識の規定の内」と言い換えることができるだろうか。ではこの英語のfairという語が示す「美しさ」とはどんな性質のものだろうか？　さらに詳しく見ていこう。

先ほど挙げた辞典で確認するとfairには「肌が白く金髪の」という意味があることが示されている。たとえばfair hairといえば金髪という意味となり、fair manといえば色白の男となる。ここでの意味のfairの対になる言葉はdarkとなる。そうなると、さきほどの「マイ・フェア・レディ」は広い意味での「美しい」女性を指すのではなく、アングロ・サクソン系の表面的で限定された身体の特徴をもつ女性を指す言葉であることがわかる。これが英語のfairでいう美意識の「正しい基準」なのである。

こうしてみてみるとフェアは公平であるという意味を担う以前に、身体の表面上の概念を示す言葉であることが想像できる。しかもその意味は、いわゆる欧米人の典型ともいわれるアングロ・サクソン系の特徴――金髪で青い目の白人――と、非常に限定的である。これが、英語そもそもの意味のfairであり、これを「美しい」身体としてきた。これが暗黙裡にフェアに刷り込まれた意味である。

そうであるならば、スポーツ界で無自覚に使われる「フェアネス」も、一般的な（人類共通の）

精神的理想を指す概念なのかどうか、注意深く見極める必要があるのではないだろうか。スポーツをする人間ならだれしもが目指すべき公明正大な心がけを指す語は、一方で偏狭な身体の見た目を指す語でもあるというのは、非常に皮肉なものである。そうであるならば、「フェア」は誰からみた「正しい基準」に則ったものなのかを考えなければならない。いったい何を「公平(フェア)」とし、「自然な身体」と想定しているのか。スポーツ界が理想としてきた理念は、ヨーロッパ近代が作り上げてきたひとつの身体の理想型を示す概念であることを疑うべきだ。ヨーロッパ近代にとっての「アン・フェア」な身体――すなわち「金髪で青い目の白人」以外の人々や、障がい者、加工された身体、異形の身体、異教徒の身体、異文化・異民族の身体、女性の身体、老いた身体、病の身体――を、無意識の内に排除してはいないか。ピストリウスは、はたして「フェア」なのか?――この問いには「フェア」の概念を無条件に受け入れる「思考停止」状態が見え隠れする。その前に、誰にとっての「フェア」なのかを先に問うべきだ。だから、彼が「フェアな身体であったため、オリンピックに参加できた」と結論づけることはどうしても避けたい。彼は「フェア」であったのではなく、むしろ近代スポーツの根幹に無条件に鎮座する「フェア」の理念を失効に追い込んだランナーであった、そう捉えてみたい。

コラム①：スポーツとファッション　―「強いられるからだ」からの解放―

２０１０年代前半からのファッションの流行の一つに「スポーツＭＩＸ」というのがある。それは、普段のお気に入りのスタイルに、ポイントとしてスポーツファッションアイテムをひとつかふたつ取り入れるということのようだ。かといって全身をスポーツウェアでキメルのではない。たとえばスーツやレザーのタイトスカートを着ても足元はスニーカーを履くとか、しなやかな素材のワンピースを着ていても頭にはキャップをかぶるとか、そんな感じである。鷲田清一によると「服を着るというのは、与えられた服をわざと、ちぐはぐに、だらしなく着くずすことからはじまるしかない[1]」という。そうした意味でスポーツファッションアイテムは、定番路線から少しのちぐはぐさを醸し出し、着くずしていく現在のおしゃれアイテムなのかもしれない。

さらに最近のファッションの流行はもっと積極的に「スポーツ性」を取り入れる傾向が進んでいるようだ。「アスレジャー」（「アスレチック（athletic)」と「レジャー（leisure)」を組み合わせた造語）と呼ばれるスタイルで、アメリカニューヨークや西海岸から発信され日本にも伝わっている。「スポーツＭＩＸ」のスタイルでは、スニーカーやキャップのファッション性が重要であり「機能」までは求めていなかったのに対し、「アスレジャー」ではスポーツウェアの

1　鷲田清一：『ちぐはぐな身体―ファッションって何？』第４刷、筑摩書房、1999 年、p. 50。

機能面にも関心があつまり、動きやすさや健康的であることが意識されている。伸縮性にすぐれたジョガーパンツを普段着に合わせたり、動きやすいヨガウェアをコートの下に着用し街着にしたりするというスタイルなどがそれである。2010年代半ばから支持されてきた「ノームコア」（きらびやかな服装ではなくシンプルな普段着がおしゃれ）の考え方が「アスレジャー」を後押ししたこともあり広がりをみせている。こうした流行は、スポーツメーカーのウェアを普段着に応用するだけでなく、一般のアパレルブランドやハイブランドがスポーツファッションやスニーカーを販売する傾向にあり、ファッション業界全体のブームになっているといってよいだろう。

「やせ我慢こそおしゃれ」と思われてきたかつてのファッション観が疑問視され、からだの快適さ、動きやすさに素直に反応したこうした流行は、女性がハイヒールを強制されることに「NO」という声をあげた最近の動向と無縁ではないだろう。2015年にイギリス、ロンドンで企業の受付業務担当女性がハイヒールを強制されたことをソーシャルネットワークに書き込むと次々と共感を生み、その結果女性のみがハイヒールを強制されることがないように法改正を求める運動へと広がった。2016年にはカンヌ国際映画祭のレッドカーペットでハイヒールを強要されることに反発した女優たちがはだしやスニーカーで登場している。日本でも2019年に女性のみがハイヒールを強要されることについて抗議の声をあげた「#KuToo」運動がおこっている。こうした声は国内外に反響をよび、1万8000筆の署名が厚生労働省に提出される動きとなった。

こうした動きは、スポーツウェアが着くずすファッションアイテムとして日常に取り入れられるだけでなく、からだの動きやすさに気付く契機となったり、もしくは「やせ我慢的」おしゃれに悲鳴をあげた人の救世主となったりしていることの表れではないだろうか。スポーツウェアの流行は、知らず知らずのうちにからだが動きにくかったことに気付かせてくれ、そしてそれがジェンダーの問題を背景にからだに我慢を強いられる、不自由さを強いられることへの反発をも内包しながら、ますます広がりをみせていくだろう。

コラム②：女性とスポーツ　―女性ランナーの一歩―

日本では現在サッカー、フィギュアスケート、レスリング、ゴルフなど女性アスリートが活躍する話題に事欠かない。もちろん男女のスポーツに不平等がないといっているわけではないが、少なくとも女性があらゆるスポーツに参加し、しかも生き生きと活躍しているのが実際である。そんな中では、「女性」という理由だけでスポーツをすることすら許されない状況があることに、想像がおよばないかもしれない。しかしスポーツの長い歴史をみても、スポーツは長らく男性のものであったし、現在でもスポーツと女性はなじまないものと考えられているところがある。

２０１２年のオリンピック・ロンドン大会の開会式。みなさんは中東アジアの国、カタールの旗手を見ただろうか？　射撃の選手であるバヒヤ・ハマド旗手であるが、カタールから初めて女性として出場したひとりなのだ。これまでカタール、サウジアラビア、ブルネイでは女性の参加が認められていなかった。この３国はイスラム教の国々で、男性と同席することがゆるされなかったり、スポーツが厳しく制限されてきたりしていた。しかし２０１２年のロンドン大会で初めて、すべての参加国から女性選手が出場することになった。そうした意味で本大会は「女性とスポーツ」を考えるときに、節目となる大会なのである。「宗教の教義」と「男女平等」との考え方の乖離。完全な正解のない複雑な問題にどう向き合っていくのかがこれからの私たちの課題だろう。しかしそれにもまして、オリンピック・ロンドン大会、陸上８００

mに出場したサウジアラビアの17歳サラ・アッタール選手の姿は頼もしく感じざるをえない。彼女はイスラムの教えに従い、髪を布で覆い、肌を露出せず、身体のラインが分かりにくい服装で、懸命に走る姿がそこにはあった。イスラムの教えを守りながらも、しかし彼女は一方で走らずにはいられなかったのだと思う。

場所は同じくロンドン。時は1908年のオリンピックのことである。のちに有名となった「オリンピックは勝つことよりも、参加することに意義がある」と述べたのはセントポール大寺院の主教だが、100年以上の時を経て同じロンドンのオリンピックで、またこの言葉を思い出すことになるとは……。いまや「参加することに意味がある」などと生ぬるいことをいうのもはばかられるようになってしまったオリンピック。しかし17歳のランナーが、初めて国の代表として参加し、女性とスポーツの新たな関係を一歩切り開いたときには、再びこの言葉をかみしめずにはいられない。「参加」という大きな一歩を祝福しながら……。

第二章　スポーツ文化を考える

1.　スポーツとメディア

メディアとは

メディア（media）とはメディウム（medium）の複数形である。辞書を引くとmediumには、（伝達・通信・表現などの）手段、媒体、機関。中間、中庸。中間物。衣服のMサイズ。（生物の）生活環境、生活条件。巫女、霊媒。などの意味がある。もともと「何かと何かの間に立つもの」「仲立ち」という意味合いである。現在では、「メディア」と聞くと、新聞、雑誌、ラジオ、テレビ、インターネットなど私たちが世界の出来事を知るための情報手段を思い浮かべるだろう。または情報伝達を行う新聞社、出版社、テレビ局などかもしれない。このような場合の「メディア」は、実際には、マスメディア(mass media)またはマスコミ(mass communication)のことであり、情報を大衆(mass= マス）に向けて大量（mass）に発信する活動や、それを行う組織や団体、それに従事する人々を指している。つまり、「情報の乗り物」、「情報とヒトをつなぐもの」、という意味で使われている。今では、コンピューターとインターネットの発達により、我々は自らの身体の外部に記憶媒体、情報発信媒体を持つことになった。つまり、メディアによって、我々は身体の能力を拡張しているといえるだろう。また、それまで一方通行だった情報発信が双方向になったのである（個人は情報を受け取るだけでない。ケータイ、パソコン上のSNSの発達によって、情報を大量に発信している)。

スポーツとメディアが結びつくのは、近代スポーツ(競技スポーツ)の形成にメディアが深くかかわってきたからである。勝ち負けを争う競技スポーツのルールが制定され始めるのが19世紀半ば(近代スポーツの誕生)である。一方、情報を大量に発信するメディアとしての新聞の誕生は、安価な紙が大量生産される技術がなければ不可能であった。この技術が確立したのは19世紀に入ってからである。新聞(メディア)はスポーツを報道することで発行部数を伸ばし、スポーツは新聞(メディア)に報じられることで人気を獲得してきたのだ。そして現在ではスポーツとメディアの共生関係は大変強く、スポーツはメディアを利用し、スポーツの価値を高め、一方でメディアの戦略によってスポーツが翻弄されてもいる。

メディアについて考える際に注意しなくてはいけないことがある。それは、メディアは情報を伝達するが、すべての情報を伝えるわけではないということだ。さらに、メディアは情報を選択、加工、整理、編集して伝える。情報はメディアによって操作可能なのである。スポーツ情報もメディアによってコントロールされることに注意しなくてはならない。

テレビ放映権料

1964年東京オリンピックは「テレビオリンピック」といわれた。世界中初めて衛星放送によって、オリンピックを生中継したからだ。世界中の人が同時にオリンピックを見ることができる時代が到来した。

オリンピックをテレビで放送するために、放送局がIOC（国際オリンピック委員会）に支払うお金が放映権料である。1960年ローマオリンピックの際に設定された。テレビ放映する国と地域数が増えるにつれてIOCの放映権料収入が増加した。1984年ロサンゼルスオリンピックから放映権料が高騰する。ロサンゼルス大会が税金の投入のない史上初の「完全民営化」オリンピックとなったからだ[1]。このオリンピックを支えたのがオリンピックの権利ビジネス化（公式スポンサー、商品化権、放映権料など）である。オリンピックと商業主義（スポーツとお金儲け）が結びついたのだ。そしてそれを支えたのがテレビをはじめとしたメディアである。なぜなら、メディアを通してオリンピック情報が発信されることによって、オリンピックやスポーツの価値が向上し、スポンサー料や放映権料などの価値を上げる

1　その背景には、1972年住民投票によるデンバー冬季大会（1976年に予定されていた）の開催返上決定と、1976年のモントリオール大会の財政赤字があった。デンバー大会の返上は地元住民の支持がなければオリンピック開催ができない（そのために税金が使えない）ことが証明されたし、モントリオール大会では、9億9000万ドルの赤字(当時のレートで約2900億円､現在の価値で換算すれば約1兆730億円にのぼる)が生まれた。この赤字は増税によって賄われ2006年11月に完済できたという。赤字の原因は膨れ上がった施設建設費だったという（小川勝：『オリンピックと商業主義』、集英社新書、2012年）。

ことができるからだ。そのお金はオリンピックやスポーツに還元される。以降、オリンピックの放映権料は高騰の一途をたどっている（FIFAワールドカップも同様に放映権料が高騰化し続けている）。そして、メディアによって生み出されたお金によってオリンピックや一部のスポーツが繁栄しているのである。

メディアに翻弄されるスポーツ

1988年ソウルオリンピック。世界最速を決める陸上男子100m決勝は、午後1時30分に設定された。これはアメリカのプライムタイム（午後7時から午後11時）にあわせてテレビ中継するためである。最初のスケジュールでは陸上男子100m決勝は午後5時に予定されていた。しかし、ソウルの午後5時は、アメリカ西海岸で午前0時、東海岸で午前3時になる。アメリカの放送局に高く放映権を売るために、当初予定より3時間半開始時間を繰り上げ、視聴率の期待できるプライムタイムに実施することになったのである。オリンピックが商業主義に敗北した事例ともいえるだろう。以降のオリンピックやスポーツの国際大会では、テレビ放映の都合で開始時間が設定されることがスタンダードになった。

前に述べたように、メディアの報道によってスポーツの価値が向上する。そこで、注目されるのは勝者である。メディアは勝者にメディアバリューがある（メディアにとって価値がある）とみなす。だから勝てばメディアによって取り上げられる。勝利によってアスリートやそのスポーツの価値や影響力が向上するのだ。しかし、敗北すればメディアは見向きもしない。その結果、スポーツは勝利至上主義に支配されることになる。その行き着く先がドーピングだ。「スポーツの価値を守るため」ドーピングは禁止されているが、一向にドーピングがなくならないのは、メディアが取り上げる勝利によって、お金が動くという経済原理が働くからだ。

なお、スポーツの場面でドーピングは禁止されているが、医療現場では治療のために薬物が使用されている。また、現代の医療では治療を超えた「エンハンスメント（身体能力の拡張・増強）」が可能であり、さらには遺伝子を操作して身体能力を向上させたデザイナーベイビーの誕生も夢物語ではない[2]。人間の意志で生命を操作しながら作り出す。われわれはカミの領域に踏み込んだ時代に生きているのかもしれない。メディアによる行き過ぎた勝利至上主義のたどり着く先は、カミを超えた

2「中国で「ゲノム編集女児」誕生か　大学側は「倫理違反」」日本経済新聞 Web サイト、2018 年 11 月 26 日。

https://www.nikkei.com/article/DGXMZO38190260W8A121C1EA1000/（2019 年 2 月 8 日確認）。

「「ゲノム編集女児」中国の研究者が発表」日本経済新聞 Web サイト、2018 年 11 月 28 日。

https://www.nikkei.com/article/DGXMZO38275160Y8A121C1II00000/（2019 年 2 月 8 日確認）。

これらの記事によると中国の研究者が、「ゲノム編集」技術をヒトの受精卵に使い、HIV に感染しないように遺伝子操作した双子の女児を誕生させた。デザイナーベイビーが現実のものとなったのである。

領域ということになろうか。

メディアウォール

メディアは世界を映すスクリーンである。このスクリーンのおかげでわれわれは世界中の情報を知ることができる。スポーツ情報も同じだ。スクリーン上ではアスリートの華やかな活躍が映し出されている。しかし繰り返すが、それはメディアによって加工、選択、編集されたアスリートの姿である。市場原理に基づき、メディアバリューのあるスポーツ(アスリート)の姿のみがスクリーン上で躍動するのだ。一方で、このスクリーンにはあらわれない(メディアに取り上げられない)スポーツ(アスリート)があるのも事実である。いわゆるマイナースポーツだ。しかし、メディアによって情報が伝えられないので、「なかったこと」になってしまう。メディアによって、価値のあるスポーツ(アスリート)と価値のない(メディアバリューのない)スポーツが分断されているのである。

さらに、メディアによるスポーツ情報の報道は、その他の情報を覆い隠す巨大な壁となる。オリンピックやワールドカップのようなスポーツの祭典の報道が増えれば増えるだけ、それ以外の報道が縮小されていく。たとえば、福島第一原子力発電所の事故は全く収束していない。汚染の実態も不透明だ。しかしメディアのスクリーンには映し出されない。メディアはそのような情報よりも、明るいスポーツの情報を好むからだ。メディアによるスポーツ情報の発信が、フクシマを「強制忘却」させる機能を果たしているとしたら、われわれは抵抗しなくてはならない。だからこそ、２０２０年東京オリンピックが巨大なメディアウォールとなり、フクシマだけでなくわれわれの生活に影響を与える様々な情報を覆い隠すことがないことを望む。

メディアを通してスポーツ情報を得るわれわれは、スポーツ情報の向こう側（メディアウォールの向こう側）にこそ目を向けなくてはならない。

【参考文献】

石田英敬：『記号の知／メディアの知　日常生活批判のためのレッスン』、東京大学出版会、２００３年。

西谷修・中山智香子編：『視覚のジオポリティクス　―メディアウォールを突き崩す―』、東京外国語大学大学院地域文化研究科21世紀ＣＯＥ「史資料ハブ地域文化研究拠点」本部、２００５年。

小川勝：『オリンピックと商業主義』、集英社新書、２０１２年。

2．スポーツ基本法　―スポーツによせられる多大な期待―

スポーツに関する法律制定の背景

日本にもスポーツに関する施策を定めた法律がある。２０１１（平成23）年施行のスポーツ基本法である。しかし、この法律がいきなり制定されたわけではない。そこでその制定の背景から確認していきたい。

第二次世界大戦後、日本という国家の礎となったのは日本国憲法（１９４６（昭和21）年11月３日公布）である。日本国憲法は国民主権、基本的人権の尊重、平和主義を基本理念とした、世界でも類を見ない平和憲法である。日本の法律はすべて、この日本国憲法の精神を骨幹として作られている。日本国憲法第25条第一項には「すべて国民は、健康で文化的な最低限度の生活を営む権利を有する」と定められている。いわゆる生存権である[3]。

民主的で文化的な国家を建設するために日本国憲法が定められ、その第25条で、すべて国民は健康で文化的最低限度の生活を営む権利を有することを明記している。

3　2011（平成23）年３月11日福島第一原子力発電所の事故以降、日本国憲法に明記されている幸福追求権、居住・移転及び職業選択の自由、生存権、財産権などの諸権利が脅かされ続けているのもまた事実である。

この精神を受けた教育基本法では、教育の目的は、心身の健康な国民を要請することであり、これが文化国家を建設する基盤であることを明らかにしている。

更に社会教育法では以上の方針についての国及び地方公共団体の義務について一部規定しているが、これらはすべて抽象的な表現にすぎず、この方針を実現するためには、全国民が体育レクリエーション活動に関与して健康の増進と、文化的生活の実現を図りえるような条件を満足させることが必要である。

然るに現在これを具体的に推進していく法律的根拠が薄弱で、体育レクリエーションの振興にはいくたの障害が横たわつている実情である[4]。

これは、1953（昭和28）年保健体育審議会答申「独立後におけるわが国保健体育レクリエーション並びに学校給食の振興方策について」の一部である。健康で文化的な生活を送るために体育レクリエーション活動が必要だが、その法的根拠が乏しいため、これを具体的に推進する法律の立法化を要望している。さらに、1958（昭和33）年保健体育審議会は「スポーツ振興のための必要

4 「独立後におけるわが国保健体育レクリエーション並びに学校給食の振興方策について」保健体育審議会答申、1953（昭和28）年6月24日。
http://warp.ndl.go.jp/info:ndljp/pid/286794/www.mext.go.jp/b_menu/shingi/12/hoken/toushin/030109.pdf （2019年2月8日確認）。

な立法措置およびその内容について」答申し、スポーツ振興のための立法措置の必要性を述べている[5]。

さて、東京は第十八回オリンピック大会（１９６４年）の招致に乗り出していた。そして１９５９（昭和34）年、西ドイツミュンヘンで開催されたＩＯＣ総会で開催地に選出された。東京、そして日本はオリンピック開催に向けて本格的に動き出すことになる。

そして、１９６１（昭和36）年スポーツ振興法が公布されたのである。

スポーツ振興法

スポーツ振興法は、東京オリンピック開催を目前に控え、スポーツの振興を目的にした法律である。東京オリンピック開催を見据えて制定されたといってもよい。そして特に施設の整備と指導者の充実など、スポーツをするための条件の整備に主眼を置いていた。スポーツ振興法は、以下のように、目的、定義、施策の方針から始まっている。

---

5 「国民全体が心身ともに健やかに、また生活が明るく豊かに発展して行くためには、国民とくに青少年が挙つて健全なスポーツを進んで行うように仕向けることが必要である。また、それが、引いてはスポーツ人口を刺戟し、優秀なスポーツ技術の向上をきたすゆえんである。しかるに、健全なスポーツ育成という見地から考えると、とかく国の施策にふじゆうぶんな点が多いように考えるので、この際次の諸点を考慮に入れて立法措置を講ぜられることが必要である。」（「スポーツ振興のための必要な立法措置およびその内容について」保健体育審議会答申、1958（昭和 33）年 12 月 18 日。http://warp.ndl.go.jp/info:ndljp/pid/286794/www.mext.go.jp/b_menu/shingi/12/hoken/toushin/030211.pdf （2019 年 2 月 8 日確認））

スポーツ振興法

（目的）

第一条　この法律は、スポーツの振興に関する施策の基本を明らかにし、もつて国民の心身の健全な発達と明るく豊かな国民生活の形成に寄与することを目的とする。

2　この法律の運用に当たつては、スポーツをすることを国民に強制し、又はスポーツを前項の目的以外の目的のために利用することがあつてはならない。

（定義）

第二条　この法律において「スポーツ」とは、運動競技及び身体運動（キャンプ活動その他の野外活動を含む。）であつて、心身の健全な発達を図るためにされるものをいう。

（施策の方針）

第三条　国及び地方公共団体は、スポーツの振興に関する施策の実施に当たつては、国民の間において行なわれるスポーツに関する自発的な活動に協力しつつ、ひろく国民があらゆる機会とあらゆる場所において自主的にその適性及び健康状態に応じてスポーツをすることができるような諸条件の整備に努めなければならない。

2　この法律に規定するスポーツの振興に関する施策は、営利のためのスポーツを振興

するためのものではない

スポーツ振興法の制定までは法的根拠が薄弱だと考えられたスポーツだが、これによって、法的に根拠づけられた。つまり、スポーツとは「運動競技及び身体運動（キャンプ活動その他の野外活動を含む。）であつて、心身の健全な発達を図るためにされるもの」（第二条）と定義されたのである。また第一条第二項ではスポーツが強制されるものではないこと、スポーツの目的外使用の禁止が明記されている。これは戦前の日本の体制に対する反省からである[6]。さらに第三条第二項では、スポーツ振興法は営利目的のスポーツを振興するものではないとしている。これは、スポーツ振興法が制定された1961年の状況を反映したものである[7]。

さて、このスポーツ振興法第四条では、「文部大臣は、スポーツの振興に関する基本的計画を定めるものとする」

6　第二次世界大戦前は、体育・スポーツが強い兵隊の養成に利用された。本人の意思に関係なく、体育・スポーツを強制されることもあった。この反省に立ち、スポーツの平和利用（戦争に利用しない）のために、スポーツの強制、目的外使用の禁止が明記されている。

7　近代スポーツは、アマチュアリズムを重視した。つまりスポーツによって経済的利益を得ることを禁止してきた。近代オリンピック（1896年に第一回開催）は、1908年第四回ロンドンオリンピック時に参加規程が整えられた。その骨子は、参加申し込みは各国のオリンピック委員会を通じて行うこと（国の代表の参加）、選手はアマチュアに限ることである。スポーツによって経済的利益を得る者は「アマチュア」ではないとしてオリンピックから排除されたのである。この「アマチュア規定」がオリンピック憲章（オリンピックのすべてを統括するオリンピックの憲法）から削除されるのは1974年のことである。以降、オリンピックにプロフェッショナルの参加が容認されるようになる。

とされていたが、この計画が策定されたのは２０００（平成12）年9月のことである。つまり、スポーツ振興法制定以降ほぼ40年間、財源などを理由にしてスポーツ振興のための計画が策定されることはなかったのである。

とはいえ、スポーツ振興法によって、スポーツは法的根拠を与えられることになった。ただし、忘れてはならないのは、法的には、スポーツは「心身の健全な発達」という目的のために行うものとして限定されたことである。そしてスポーツは「国民の心身の健全な発達と明るく豊かな国民生活の形成」のために振興されるものとされたのだ。

スポーツ基本法

スポーツ振興法制定から50年。スポーツを取り巻く環境は大きく変化した。スポーツ基本法はスポーツ振興法を全部改正し、２０１１（平成23）年6月24日公布、8月24日[8]施行された。その前文の冒頭には、「スポーツは世界人類共通の文化である」と明記されている。

スポーツ基本法では、スポーツを「心身の健全な発達、健康及び体力の保持増進、精神的な充足感の獲得、自律心その他の精神の涵養等のために個人又は集団で行われる運動競技その他の身体活動」としている。そして「今日、国民が生涯にわたり心身ともに健康で文化的な生活を営む上で不可欠のもの」だという。さらに「スポーツを通じて幸福で豊かな生活を営む権利」（スポーツ権）「スポーツ立国の実現を目指す」「国家戦略としてスポーツに関する施策を推進する」としている。この前文に続いて、スポーツ基本法の目的、基本理念、国の責務についてなどの条文が続いていく。スポーツの振興や施設の整備、国際的スポーツ大会の誘致、開催の支援などに国がかかわるとしているのは、スポーツがこれまで以上に国家戦略の中に位置づけられたことを意味している。また、プロスポーツや障害者のスポーツについても言及している。

　では、具体的にスポーツに何が期待されているのか、スポーツ基本法の前文から確認し、抜き出すと以下の通りである。

・心身の健全な発達
・健康および体力の保持増進
・精神的な充足感の獲得

8　新たなスポーツ振興法（スポーツ基本法）制定に向けては、2007（平成19）年よりプロジェクトチームが設置され検討されてきた。2009（平成21）年7月14日には自民、公明両党から「スポーツ基本法案」が第171回国会に提出（平成21年衆法第52号）されたが、衆議院解散により審議未了廃案となった。平成22年6月11日、前の「スポーツ基本法案」を、一部修正して第174回国会に提出（平成22年衆法第29号）（審議継続）。2011（平成23）年5月16日民主党スポーツ議員連盟が「スポーツ基本法案」を取りまとめ、スポーツ議員連盟（超党派）で検討。5月31日超党派（衆議院8会派共同）の提案で、「スポーツ基本法案」が第177回国会に提出（平成23年衆法第11号）された。6月1日継続審議となっていた「スポーツ基本法案」（平成22年衆法第29号）が撤回（取下げ）され、6月9日衆議院で「スポーツ基本法案」（平成23年衆法第11号）が全会一致で可決。6月17日参議院でも全会一致で可決された。
　スポーツ基本法が制定されるまで紆余曲折があったとはいえ、東日本大震災からの復興のめどが立っていない時期に審議、公布、施行されている。よって筆者にはスポーツが東日本大震災の現状を目隠しする道具にされたという印象がある。文部科学省のスポーツ基本法のリーフレットには「スポーツの力で日本を元気に！」と記載され、復興を背負って戦い続けたと報道されたなでしこジャパンの写真が掲載されている。

・自律心その他の精神の涵養
・生涯にわたり心身ともに健康で文化的な生活を営むこと
・幸福で豊かな生活を営むこと
・次代を担う青少年の体力の向上
・他者を尊重しこれと協同する精神
・公正さと規律を尊ぶ態度や克己心を培うこと
・実践的な思考力や判断力を育むこと
・人格の形成
・人と人との交流の促進
・地域と地域との交流の促進
・地域の一体感や活力を醸成すること
・地域社会の再生
・心身の健康の保持増進
・健康で活力に満ちた長寿社会の実現
・人間の可能性の極限を追求する有意義な営みであること
・国民に誇りと喜び、夢と感動を与えること

・我が国社会に活力を生み出すこと
・国民経済の発展に広く寄与すること
・国際相互理解の促進
・国際平和に貢献
・我が国の国際的地位の向上

このようにスポーツに多大な期待がよせられていることがわかる。スポーツはこれらの期待に応えることが出来るのだろうか。

スポーツとは何か

そもそもスポーツとは何だろうか。スポーツ（sport）という語は19世紀から20世紀にかけて国際的に使用されるようになった英語である。その語源はラテン語のデポルターレdeportare だといわれている。deportare は portare=carry という語に de=away という接頭語がついた語で、離れたところに運ぶという意味を構成している。つまり、「人間の生存に必要不可欠なことがらから一時的に離れる」、すなわち「気晴らしをする、休養する、楽しむ、遊ぶなど」を意味した。この語がイギリスに渡り、16世紀ごろに sporte または sport と省略されて定着したといわれている[9]。

つまり、スポーツとはもともと単なる気晴らしであり、遊びを意味しており、何かの目的のために行うものではないのだ。しかし、日本の法律では、スポーツは明確に目的づけられ、多大な期待をかけられている。

このことは、日本において、スポーツが明確な目的のもと多大な期待がかけられるまでに昇華したとみるべきなのか、単なる気晴らしや遊びであるスポーツに国家戦略を重ねてしまうという無謀な行為とみるのか、判断が難しいところである。確かにスポーツに多大な期待をかけたいが、たかがスポーツであることも忘れてはならないのではないだろうか。

本稿のおわりに、スポーツ基本法の前文を以下に示したい[10]。

スポーツは、世界共通の人類の文化である[11]

スポーツは世界共通の人数の文化である。

9　中房敏朗ほか：「スポーツ（sport）の語源および語史を再検討する」（『大阪体育大学紀要』第50巻（2019））によれば、ここで紹介したラテン語を語源とする説の他にもsportの語源に関する見解には複数の説があるという。とはいえ「中世から近世にかけて、イングランドやスコットランドの人々にとってsportとは、特定の行為や活動を指示する語ではなく、ほとんどあらゆる楽しみごとや娯楽を包摂する」言葉であったという。

10　スポーツ基本法の内容は多岐にわたっている。よって本稿ではそのすべてに言及することはできなかった。本稿ではスポーツ基本法の前文に注目し、スポーツ基本法がスポーツに期待するものに焦点を当てた。

11「21世紀に向けたスポーツの振興方策について」（保健体育審議会答申、1989（平成元）年11月21日）において、「スポーツは、個々人の心身の健全な発達に資するとともに、明るく豊かで活力に満ちた社会の形成に寄与するものであり、また、世界共通の人類の文化の一つである」とされており、以降、日本でもスポーツは人類の文化の一つであると認識されるようになった（それまで、スポーツは文化として認められていなかったといえよう）。

スポーツは、心身の健全な発達、健康及び体力の保持増進、精神的な充足感の獲得、自律心その他の精神の涵養等のために個人又は集団で行われる運動競技その他の身体活動であり、今日、国民が生涯にわたり心身ともに健康で文化的な生活を営む上で不可欠のものとなっている。スポーツを通じて幸福で豊かな生活を営むことは、全ての人々の権利であり、全ての国民がその自発性の下に、各々の関心、適性等に応じて、安全かつ公正な環境の下で日常的にスポーツに親しみ、スポーツを楽しみ、又はスポーツを支える活動に参画することのできる機会が確保されなければならない。

スポーツは、次代を担う青少年の体力を向上させるとともに、他者を尊重しこれと協同する精神、公正さと規律を尊ぶ態度や克己心を培い、実践的な思考力や判断力を育む等人格の形成に大きな影響を及ぼすものである。

また、スポーツは、人と人との交流及び地域と地域との交流を促進し、地域の一体感や活力を醸成するものであり、人間関係の希薄化等の問題を抱える地域社会の再生に寄与するものである。さらに、スポーツは、心身の健康の保持増進にも重要な役割を果たすものであり、健康で活力に満ちた長寿社会の実現に不可欠である。

スポーツ選手の不断の努力は、人間の可能性の極限を追求する有意義な営みであり、こうした努力に基づく国際競技大会における日本人選手の活躍は、国民に誇りと喜び、夢と感動を与え、国民のスポーツへの関心を高めるものである。これらを通じて、スポーツは、我が国社会に活力を生み出し、国民経済の発展に広く寄与するものである。また、スポーツの国際的な交流や貢献が、国際相互理解を促進し、国際平和に大きく貢献するなど、スポーツは、我が国の国際的地位の向上にも極めて重要な役割を果たすものである。

そして、地域におけるスポーツを推進する中から優れたスポーツ選手が育まれ、そのスポーツ選手が地域におけるスポーツの推進に寄与することは、スポーツに係る多様な主体の連携と協働による我が国のスポーツの発展を支える好循環をもたらすものである。

このような国民生活における多面にわたるスポーツの果たす役割の重要性に鑑み、スポーツ立国を実現することは、二十一世紀の我が国の発展のために不可欠な重要課題である。

ここに、スポーツ立国の実現を目指し、国家戦略として、スポーツに関する施策を総合的かつ計画的に推進するため、この法律を制定する。

（傍線は筆者。スポーツに期待されることに付した。）

3. スポーツとハイテクノロジー

スポーツイベントはショウケース

オリンピックやワールドカップのようなメガスポーツイベントは、人間の身体の展示場であり、最新科学技術（ハイテクノロジー）のショウケースである。

たとえば、1924年のパリオリンピックでは、スポーツの現場にマイクロフォンが導入された。1932年のロサンゼルスオリンピックでは、100分の1秒が計測可能な写真判定装置が登場した。1936年のベルリンオリンピックでは初めてテレビ中継が行われた。

1954年のサッカーワールドカップスイス大会では、のちに取り換え式スタッドとして知られるようになる革新的なスパイクが登場した。アディダス製である。アディダスは1956年のメルボルンオリンピックで、選手に無料でシューズを提供した。そのアディダスのシューズを履いた選手は合計72個のメダルを獲得した。スリーストライプのシューズを履いてフィニッシュラインを駆け抜ける選手たちの写真は、大きな広告効果をもたらした。

1964年の東京オリンピックは、世界初の衛星テレビ中継[12]で、全世界に放送

12 当時は宇宙中継といわれた。

された。1968年のメキシコオリンピックの陸上競技走高跳では、ディック・フォスベリーが金メダルを獲得した。彼はこの大会で唯一、着地に失敗すると大きなけがにつながる背面跳び（Fosbury Flop）で跳んだ選手である。この背景には、この大会から導入された安全な着地マット（ウレタン製のぶ厚いマット：ピット[13]）がある。これによって着地の安全性が確保されたのだ。背面跳びは衛星中継で同時に世界中に放送されたため、一気に背面跳びの技術が広まることになった。

現在でも、メガスポーツイベントは、最新科学技術がお披露目される場であり、スポーツメーカーがしのぎを削る場でもある。

記録更新を支える用具

陸上競技や水泳競技は、生身の身体の能力を競いあうもので、スポーツ用具の性能の優劣はあまり結果に影響しないと考えるかもしれない。しかし、全くもってそうではない。前述のスパイクなどの影響は大きい。

1986年第一回近代オリンピック（アテネ大会）の男子陸上100mで優勝したのはトーマス・バーク[14]でタイムは12秒だった[15]。国際

13　ピットはその後体操競技にも導入された。これによって着地の安全性を考えずに高度な離れ業などを練習できるようになり、体操の演技の難易度は一気に高まったといわれている。
14　彼は、当時普及していなかったクラウチングスタートを披露したことで一躍有名になった。
15　1896年のアテネオリンピックでは、ストップウォッチを利用した視認による1秒単位の手動計時の記録が採用された。

陸連が初めて公認した世界記録は1912年ストックホルムオリンピックの男子100m予選で記録された10秒6である[16]。これらは手動計時である。1964年の東京オリンピックから電動計時が公認されるようになった[17]。2019年8月現在の世界記録は2009年ベルリンの世界陸上でウサイン・ボルトが記録した9秒58である[18]。

走技術も進化しているが、走路の変化も見逃せない。1964年の東京オリンピックではアンツーカーと呼ばれるレンガを砕いた赤褐色の土のトラックが使用された。当時の一般的な土のトラックよりも水捌けのよさがその特徴だった。しかし1968年のメキシコオリンピックではタータンと呼ばれる合成ゴムで覆われた全天候型のトラックが登場した。このタータンのトラックの登場によって記録は飛躍的に伸びることになる。いまも走りやすく記録が出やすい走路の開発が進んでいる[19]。

走路の変化は、走技術だけでなくスパイクにも影響を与える。トラックが土の時代のスパイクは革製でピンも鉄製だった。現

16　当時のストップウォッチは1/5秒単位で計測していた為､10秒3/5とも表記される。

17　電動計時はセンサなどを利用して検知するため、人間の目視で行う手動計時よりも正確であるといわれている。

18　ウサイン・ボルトは2008年北京オリンピック男子100mで9秒69のオリンピックレコード（当時）で優勝した。その後、2012年ロンドン、2016年リオデジャネイロオリンピックでも優勝している。

19「タータン」は、もとはアメリカの「Minnesota Mining&Manufacturing」社（現「3MCompany」）の商標名だったが、一般名詞として使われるようになった。現在では舗装材に関係なく「全天候トラック」の意味で使用されている。

1948年ロンドンオリンピックから登場したスターティングブロックの存在も、選手のスタートダッシュに革命をもたらし、記録の更新をもたらすことになった。

在のスパイクは合成繊維が素材であり、軽量化に成功している。軽さと強さを兼ねた炭素繊維（カーボンファイバー）やチタンを使用したスパイクも登場している。

２００８年北京オリンピックの水泳（競泳）では高速水着が注目された。スピード社が開発したレーザーレーサーである。縫い目が無いのが特徴で、水の抵抗が軽減され、撥水性にも優れていた。素材自体が水を吸収しにくく、「水に浮くような」水着と評価された。身体を締め付ける力が非常に強く、筋肉の凹凸を軽減し、水の抵抗を受けにくい理想的な流線形を保つ機能があった。そしてレーザーレーサーを着用した多くの選手が記録を連発することになった。ハイテク水着が競泳の記録に大きな影響を与えたのである[20]。結果２０１０年に国際水泳連盟は競泳水着の規定の変更を決定した。水着の布地は「繊維を織る、編む、紡ぐ工程でのみ加工した素材」とされ、水着が体を覆う範囲も制限された。レーザーレーサーのような、ポリウレタンやラバーなどのフィルム状の素材を貼り合わせた水着、身体の広い面積を覆う水着の着用は、公式大会で禁止されることになったのである。

雪や氷の上でのスポーツでも、用具の開発改良は大きな影響を与える。スケートでは１９９６年の長野オリンピックから登場したスラップスケート[21]が記録更新に大きな役割を果たした。１９９０年代後半に普及した、扱いやすいカービングス

20　競泳においても、スタート台の開発・改良、消波性の高いコースロープやプールの開発なども記録更新に大きな影響を与えている。

キーもスキー技術に変化をもたらすことになった。

科学技術の進歩はスポーツ道具を進化させ、スポーツの技術を変化させ、スポーツの記録や結果を大きく左右している。道具は身体能力を拡大延長するからだ。

ブレードランナーとブレードジャンパー

オスカー・ピストリウスは両足義足のスプリンターで、義足の陸上競技選手では初めてオリンピックとパラリンピックの両方に出場した（２０１２年ロンドンオリンピック、パラリンピック）。刃のように薄い炭素繊維製の競技用の義足で走ることから「ブレードランナー」との異名を持つ。オスカー・ピストリウスの陸上１００ｍのベスト記録は10秒91（２００７年）である。

北京オリンピックの出場を目指したが、国際陸上競技連盟（ＩＡＡＦ）は、炭素繊維製の義足による推進力が競技規定に抵触する（義足の性能のおかげで速く走れているのではないか？）として却下した。のちにスポーツ仲裁裁判所（ＣＡＳ）はＩＡＡＦの判断を覆したが、オリンピック参加標準記録を突破することができず、オスカー・ピストリウスは北京オリンピックには参加できな

21　それまでのスケート靴は、つま先とかかと部分の両方で刃（ブレード）を固定していた。一方、スラップスケートは、氷を蹴る時にかかと部分で刃が離れ、かかとが上がっても刃は氷に接したままになる。そのため、長く氷に力を伝えられる、足首の可動範囲が広がり疲れにくいなどの利点がある。

かった。

マルクス・レームは、右足義足のアスリートである。14歳の時にウエイクボードの練習中に事故で右膝から下を失った。ロンドンパラリンピックでは陸上走り幅跳で金メダルを獲得している（7ｍ35）。反発力の高い炭素繊維製の競技用義足の右足で踏み切ることもあり、「ブレードジャンパー」として知られている。２０１５年10月カタール・ドーハで開催されたＩＰＣ２０１５陸上競技世界選手権大会では、８ｍ40を跳び優勝。この記録はロンドンオリンピックの走幅跳の金メダルの記録（８ｍ21）を上回った。マルクス・レームの記録について「技術ドーピング」、「用具のドーピング」だという声もあった。

マルクス・レームはリオデジャネイロオリンピックへの参加を熱望したが、ＩＡＡＦは「義足が有利に働いていないことの証明」が出来ていないと判断した。結局、レームはリオオリンピック出場を断念した。

オスカー・ピストリウスやマルクス・レームの活躍には、スポーツ用具としての義足（義肢）は欠かせない[22]。義足がなければスポーツに参加することすら難しいからだ。用具は身体の延長であり、失った身体能力を取り戻すものだといえるだろう。しかし、スポーツ現場におけるこのような科学技術の発達は、その義肢の能

22　彼らが競技の際に使用する義肢は、競技用であり、普段の生活で使用する義肢とは違う。

力が、身体の能力を不自然に超越しているのではないか、という疑念を生み出してもいる[23]。これは、スポーツが自然な(「生身」の)身体で行うものである、という考え方が定着しているからであろう。

とはいえ先に述べた通り、現代スポーツはスポーツ用具によって支えられているといっても過言ではない。

科学技術と身体の未来

科学技術の進歩がスポーツの記録を進化させる。メガスポーツイベントはそんな最新テクノロジーとそれに支えられ高度化したスポーツする身体の展示場(ショウケース)となる。そして、科学技術は我々の身体能力を拡張する。

だからこそ、今一度「スポーツとはなにか」「スポーツとはどうあるべきか」と問い直す必要があるだろう。「生身」の身体の能力を発揮するのがスポーツであるならドーピングは「生身」の身体に薬物を使用することで能力を向上させる行為である。「生身」の身体の自然が破壊される行為といえよう。だからドーピングは禁止される(身体能力の向上を支える薬物を開発するためには最新テクノロジーが必要だ)。しかし、パラリンピック選手の中には、禁止されている薬を使用しないと

23 しかし、同じように身体能力を向上させている眼鏡、コンタクトレンズ、レーシック手術などは、なぜか非難されない。

健康管理や生命維持ができないという選手もいる。また、オスカー・ピストリウスやマルクス・レームのように、身体機能を義肢で補うアスリートもいる。

スポーツが「生身」の身体の自然を守るものならば、ドーピングやハイテク道具の使用について「否」というべきだろう。一方でスポーツが現在の身体のありようのショウケースとして、そしてそれを人々がエンターテイメントとして楽しんでいる場合、ハイテクノロジーを利用した施設、道具、薬物の使用によって、「生身」の身体の自然な能力を超えたパフォーマンスが求められるかもしれない。

現在の科学技術の進歩は目覚ましい。「スポーツとはなにか」「スポーツとはどうあるべきか」という哲学的問いに答える前に、ハイテクノロジーはスポーツに侵入し親和している。人間のパフォーマンスを向上させるために、ナノテクノロジー、バイオテクノロジー、情報科学、認知科学の最新知見が導入されている。現実に哲学（倫理）が追い付いていないといえよう。

我々の身体そのものがハイテクノロジーのショウケースとなる日が、もうそこまでやってきているのだ。スポーツは最新科学技術を導入する。そして我々は、そこにポストヒューマン（超人類）の夢をみるのかもしれない。

4. スポーツ施設

より快適に、いつでもどこでもより便利に

近年のスポーツ施設はより快適な、より便利なサービスを提供している。いまや冷暖房設備が整えられた体育館や室内テニスコートはめずらしくもないが、寒い地方ではさらに体育館の床暖房の設置が推進されている。年中一定の温度に保たれた室内プールには、紫外線をカットするガラスが施されている。またプレイヤーだけでなく観客も快適に過ごすことができる。たとえばノエビアスタジアム神戸なら、観客座席に空調設備が施されていて、観戦時の快適さが保証されている。「快適に」スポーツする、「快適に」スポーツ観戦するために、多額の費用をかけることはいまや常識になっている。

こうした近代的な施設は、いつでもどこでもスポーツをしたいというニーズにも応えている。照明設備のおかげで24時間使用可能なスポーツ施設は都市部であればすぐに見つかるだろう。これで昼夜を問わず、やりたいときにやりたいだけスポーツができるというわけだ。それだけではない。室内クライミング施設などは、自然の岩場まで出かけることなく安全にクライミングを体験できるようになっている。もはやスキーは冬の風物詩ではない。室内人工スキー場は、季節に関係なく一年中スキーやスノーボードを楽しめる環境を用意する。

さらにいつでも選手がベストコンディションで試合に臨めるようにスポーツ空間が準備されるようになっている。日本でも屋根開閉式ドームスタジアムはめずらしくない。さほど人口も多くない小さな町にも町営の室内全天候型ゲートボール場を目にすることさえある。また陸上競技は合成ゴムを素材とした全天候型トラック（タータントラック）の陸上競技場で試合をすることも常識となっている。これらの施設では、天候に左右されることなく選手がベストコンディションで試合に臨めるようになっている。さらに、サッカー場や球場の芝は種の配合比や肥料、散水など専門家の知識をもとに徹底的に管理され、四季のある日本でも常に同じ条件で試合が行えるように配慮されている。芝の生え方にプレイが左右されないように、そして天気や風によって公平性が損なわれないよう、常に最高のパフォーマンスや新記録を生み出すことができるように、手間と時間と資金をかけて考えうる最高の環境を施設は準備している。

先端ICT技術による「スポーツ未来開拓」

このような施設が提供するサービスは近年新たな方向性を示している。２０１６年３月スポーツ庁と経済産業省がだした「スポーツ未来開拓会議 中間報告 ～スポーツ産業ビジョンの策定に向けて～」[24]にも触れられているＩＣＴの活用である。未来開拓会議がスポーツ市場の拡大のために選手の動きや力、速度、心拍数などをデータとして「スポーツの見える化」に注目している。2015年にはすでにバレーボールワールドカップにおいて、「モーションスカウター」と呼ばれる映像解析システムを用い、スパイクの打点の高さや速さなどをテレビ中継時にリアルタイムで表示するサービスを行っているのがそれにあたるだろう。それを実際の施設に応用した取り組みが2016年には実現している。スポーツ施設運営会社と電気通信会社などが共同し、プレイヤーの心拍数や走行距離、運動強度などのバイタルデータをリアルタイムでフットサル会場のモニターに表示するサービスを始めた。プレイヤーが個々にウェアラブルセンサーを着用し、それによりバイタルデータをリアルタイムで数値化しモニターに表示させる。これによってプレイヤーの「疲労度」や「本気度」が可視化でき、ゲーム中に「彼は疲れているからボールをパスしない方がいいな……」とか「見た目より結構頑張っているな……」など、プレイヤーにも観戦者にも「ココロが視える」仕組みだという。すなわちスポーツ空間は、「ココロ」までを数値化し可視化するサービスに行き着いたということである。

24 「スポーツ未来開拓会議中間報告 〜スポーツ産業ビジョンの策定にむけて〜」https://www.meti.go.jp/press/2016/06/20160614004/20160614004-1.pdf（2019年8月24日確認）。

感じるからだの叡智

これらスポーツ施設の歩んできた道筋は、結局のところどこに向かおうとしているのだろうか。人類がスポーツに親しんできた長い歴史を考えてみると、ごく最近までこのような快適で便利ですべてを可視化できるような空間でスポーツを行ってこなかったはずである。産土の森で相撲をとり、海に泳ぎ山に登り、川で船を漕ぎ道でボールを蹴り、草原に駆けてきた。自然、すなわち生活世界に直結した空間でスポーツを行ってきたはずだった。もちろんそこには、暑さ寒さはもちろんのこと、風がふき環境は常に変化する。波は予測がつかず雪山では雪崩に常に気を付ける必要があった。なぜならこうした「スポーツの空間」自体が生きているのだから。そんな当たり前の自然の条件を、自らのからだの技と知恵と経験でかいくぐり、それも含めてスポーツの面白さとして読み替えて、工夫してきた。そしてもっとも自然なのは、人のからだそのものである。自らのからだ、仲間のからだを受け入れ、そして感じてきた。

これに比べれば、現在のスポーツ施設は快適ではあるかもしれないが、自然を拒否して成り立つ命のない空間かもしれない。しかし生物としてのヒトとして知恵をつけたり、工夫したり、経験を積んだり、からだを感じたりする機会を自らうばってしまっているのではないだろうか。時に荒ぶる自然の中で私たちは、何とかそれを受け入れつつ身をかわしながら、うまくからだをつかって生きていくしかない。ときにままならないからだの自然を互いに感じつつそのやりとりを楽しみ、その技法と叡智をスポーツで育むことこそ、私たちの未来であるはずだ。快適さ便利さ分かりやすさを過剰に要求することで、からだが「自然」と乖離する方向に進むのであれば、私たちはスポーツによって何の叡智も得られないことになる。なぜなら人間そのものが自然であるとともに、自然とともにしか人間は生きられないのだから。私たちの未来のために、本当に何が必要なのか、見極める目をもちたい。

5. スポーツと国際協力

SPORT FOR TOMORROW

２０１３年９月７日（現地時間）アルゼンチンのブエノスアイレスで開催された第１２５次ＩＯＣ総会において、２０２０年の第三十二回オリンピック競技大会の開催地が東京に決定した。

安倍晋三総理（当時）はＩＯＣ総会での東京招致のための演説で「だからこそ、その翌年[25]です。日本は、ボランティアの組織を拵えました。広く、遠くへと、スポーツのメッセージを送り届ける仕事に乗り出したのです。以来、３０００人にも及ぶ日本の若者が、スポーツのインストラクターとして働きます。赴任した先の国は、80を超える数に上ります。働きを通じ、１００万を超す人々の、心の琴線に触れたのです」[26]と述べ、これまでの青年海外協力隊(ＪＩＣＡボランティア)の体育・スポーツ隊員の活躍に触れた。

さらに、「２０２０年に東京を選ぶとは、オリンピック運動の、ひとつの新しい、力強い推進力を選ぶことを意味します。なぜならば、我々が実施しようとしている「スポーツ・フォー・トゥモロー」という新しいプランのも

25　東京オリンピック（1964年）の翌年、1965年。この年に青年海外協力隊が設立された。

26　首相官邸「平成25年９月７日ＩＯＣ総会における安倍総理プレゼンテーション」http://www.kantei.go.jp/jp/96_abe/statement/2013/0907ioc_presentation.html (2019年２月８日確認)。

と、日本の若者は、もっとたくさん、世界へ出て行くからです。学校をつくる手助けをするでしょう。スポーツの道具を、提供するでしょう。体育のカリキュラムを、生み出すお手伝いをすることでしょう。やがて、オリンピックの聖火が2020年に東京へやってくるころまでには、彼らはスポーツの悦びを、100を超す国々で、1000万になんなんとする人々へ、直接届けているはずなのです[27]」と、SPORT FOR TOMORROW(スポーツ・フォー・トゥモロー)について述べた[28]。

SPORT FOR TOMORROWは、スポーツ分野における日本政府の国際貢献策である。そのコアメッセージは「スポーツが未来をつくる:2020年東京オリンピック・パラリンピック大会とそれに向けた具体的行動を通じて、世界のより良い未来のために、未来を担う若者をはじめ、あらゆる世代の人々に、スポーツの価値とオリンピック・ムーブメントを広げていく[29]」である。

27 首相官邸「平成25年9月7日ＩＯＣ総会における安倍総理プレゼンテーション」http://www.kantei.go.jp/jp/96_abe/statement/2013/0907ioc_presentation.html (2019年2月8日確認)。

28 安倍首相のスピーチの要点は以下の三つであろう。①東京にはフクシマの原発事故の影響はないこと、フクシマの原発事故については統御されていること(Under Control)(実際には制御されているとは言えない。)、②オリンピックのスタジアム建設、財政保証、確実な実行に政府が責任を持つこと、③Sport for Tomorrow プログラムを実施することでオリンピック・ムーブメントを支えること。これらの三点は、IOC総会の場で安倍首相が発信した日本政府による国際公約といえるだろう。とはいえ、フクシマの現状については欺瞞が含まれていた。2020東京五輪開催のためには、いまだ制御できないフクシマの現状をコントロールすることが必要である。が、制御できないのも明白である。

29 外務省Webサイト「Sport for Tomorrow プログラム」http://www.mofa.go.jp/mofaj/files/000046922.pdf (2019年6月6日確認)。

具体的には、２０１４〜２０２０年の7年間で、開発途上国を始めとする１００ヶ国以上の国において、１０００万人以上を対象に、(１) スポーツを通じた国際協力及び交流、(２) ＩＯＣや国際的な大学間ネットワーク構築による国際スポーツ人材育成体制の構築、(３) 国際的なアンチ・ドーピング推進体制の強化支援などを行うことを目的とする。そしてスポーツを通した国際協力及び交流を行うプログラムを実施するために注目されるもののひとつが、ＪＩＣＡボランティアである。

JICAボランティア

ＪＩＣＡ(国際協力機構)は、外務省所管の独立行政法人で、日本政府のＯＤＡ(政府開発援助) の実施機関の一つであり、開発途上地域等の経済及び社会の発展に寄与し、国際協力の促進に資することを目的としている。

ＪＩＣＡボランティア事業は、技術協力分野の国際協力の一つである。その主な目的は(１) 開発途上国の経済・社会の発展、復興への寄与、(２) 異文化社会における相互理解の深化と共生、(３) ボランティア経験の社会還元である。そして貧困、医療、教育問題等、いわゆる開発途上国が抱える問題に取り組み、経済や社会の発展に貢献することを草の根レベルで目指している。ＪＩＣＡは、開発途上国または日系人社会からの要請に基づいて、それに見合った技術・知識・経験を持ち、それを現地の人々のために活かしたい、と望む人物を募集し、選考、訓練を経て派遣している。

青年海外協力隊（ＪＩＣＡ海外協力隊）は、１９６５年発足した。これまでに91ヶ国に４４４７８人の隊員を派遣してきた[30]。派遣職種は１２０以上。隊員は2年間（短期（1ヶ月から1年未満）の派遣もある）の長期にわたり、いわゆる開発途上国などで、現地の人々と共に生活し、働き、彼らと同じ言葉で話し、相互理解を図りながら、彼らの自助努力を促進するように活動する。体育・スポーツ関連の職種は約30で、これまでに３０００人以上が体育・スポーツ隊員として派遣された。

なぜ国際協力が必要か

世界にはおよそ１９５の国があるが、そのうち１５０ヶ国以上がいわゆる開発途上国であり、その多くは貧困や紛争などの問題を抱えている。また、貧困は教育や雇用の機会を奪い、社会不安を招くことから、紛争の原因にもなっている。このような問題は、世界がグローバル化した現在、世界規模での環境破壊や感染症の蔓延、紛争問題の深刻化などの形で、世界全体を脅かしており、決して開発

30 数字はいずれも 2018 年 12 月 31 日現在。
JICA ボランティア Web サイト
https://www.jica.go.jp/volunteer/outline/publication/results/ （2019年4月4日確認）。

途上国だけの問題ではない。国境を越える地球全体の問題であり、世界各国が力を合わせて取り組む必要がある。

だからこそ、複数の世界の国々が力を合わせ、国際社会全体の平和と安定、発展のために、開発途上国・地域の人々を支援することが肝要である。

国際協力には、国が行う政府開発援助やNGOなどのさまざまな組織、団体、機関、そして市民が関わっている。企業によるCSR（Corporate Social Responsibility）活動も重要な役割を担っている[31]。

国による政府開発援助には二国間援助と多国間援助とがある。二国間援助はさらに贈与と政府間貸付に分類される。贈与には無償資金協力と技術協力とがある。JICAボランティアはこの技術協力のひとつである。

スポーツになにができるか

いわゆる発達途上国が持つ問題は、飢餓、貧困、紛争、社会不安など多岐にわたる。「お腹がすいている人にスポーツが必要か？」という問いが提示されることもある。開発途上国においてスポーツの優先順位が低い（人間の生存のためにスポーツよりも優先的に行うべきもの（こと）がある）ということもあるだろう。しかし、スポー

31 JICA Webサイト
http://www.jica.go.jp/aboutoda/whats/cooperation.html （2019年4月4日確認）。

ツによる国際協力は、単にコーチ（教師）としてスポーツ技術を伝えることだけではない。スポーツをメディア（媒介）として様々な国際協力の可能性があるのだ。それは、スポーツが身体文化であり、身体を通したコミュニケーションだからである。さらにスポーツが「非日常の機会」を創出するからであり、「非日常の機会の創出は、開発課題を直接的に解決することは少ないが、解決に向けた取り組み、すなわち、近年強く求められている人々をエンパワーメントすることにつながる可能性を秘めている[32]」からである。

スポーツは教育や保健、他の社会問題解決のための媒体として組み込まれている。例えば、教育現場において青少年の心身のバランスのとれた発達を促すために体育・スポーツが取り入れられている。また、「スポーツができるから学校に通う」（ボールなどのスポーツ用具がある。スポーツする施設、場所がある。スポーツを共にする仲間がいる、など）というような、教育のモチベーションを生み出すきっかけにもなる。スポーツを通じて社会規範を教育することも重要である。若者を非行（暴力・犯罪・薬物など）から遠ざけるためにスポーツを利用するという国もある。スポーツの持つ人を惹き付ける力を利用して、スポーツの機会を保健・公衆衛生教育の場にすることも行われている。そして何よりスポーツは人を笑顔にする力がある。

32　齊藤一彦・岡田千あき・鈴木直文編著：『スポーツと国際協力　―スポーツに秘められた豊かな可能性』、大修館書店、2015 年、p.19。

それは途上国の人々が貧困から抜け出す力、紛争を解決する力、男女平等を実現する力などを生み出すきっかけになるのだ。スポーツは直接、途上国の問題を解決できないかもしれないが、スポーツがメディアとなり、解決のきっかけを生みだすことができるのである。

さらに、スポーツボランティアに期待されるのは、その場所で活動し、友達を作り、国際交流、文化交流の一翼を担うことである。グローバル化した現在、様々な国や人々との相互理解が重要なのだ。身体文化であるスポーツは、異文化理解、相互理解の近道になるのだ。

【参考文献】

松浪稔：「Sport for Tomorrow とスポーツボランティア　―コスタリカ、ペルー、エルサルバドルの調査から―」、『神戸市外国語大学』、神戸市外国語大学外国学研究所、ポストグローバル社会におけるスポーツ文化の研究、２０１５年。

6. スポーツツーリズム

ツーリズムと観光

ツーリズム(Tourism)の定義は多様で、論者によって異なるといってもいい。「Tour」は、「旅」を意味する言葉として17世紀ごろに英語として使用され始め、18世紀中ごろに動詞として確立された。もともとはラテン語で「旋盤、回るもの」という意味だった。日本では、「観光」という訳語が充てられた。辞書によると「観光」は「他国・他郷を訪れ、景色・風物・史跡などを見て歩くこと[33]」とある。現在では、物見遊山的な観光をサイトシーイング(Sightseeing)、体験型の観光をツーリズムと区別することもある。総じてツーリズムと観光は(楽しみを目的とする)「旅行」だと解釈されてきたといってよいだろう。

イギリスの産業革命[34](1760年代から1830年代)は近代的なツーリズムを生み出すきっかけとなった。産業革命によって労働者階級(都市住民)が増加し、消費社会に移行していき、近代資本主義社会の成立の礎となった。労働者は工場で時間の管理のもと労働した。そして労働以外の時間(余暇)が創出された。19世紀初頭に鉄道が実用化されると、商品と労働力の輸送に蒸気

33 松村明編:『大辞林』第三版、三省堂、2006年。

34 産業革命の要因として、原材料調達であり同時に製品の市場となった植民地の存在、市民革命による社会・経済的な環境の変化、農業革命がもたらした労働力などがある。

機関車[35]が力を発揮した。この鉄道が休日（余暇）に労働者を郊外へと連れ出すことになった。郊外への旅行の行く先は、最初は医療効果があるといわれた温泉、海水浴だった。旅の目的は宗教的な巡礼ではなく健康の獲得であった。そして旅の目的は健康から快楽（楽しさ）へと移動していった。

日本では、古くは紀貫之の『土佐日記』が紀行文として残されている。旅行の行程をつづったものだ。また、十返舎一九の滑稽本『東海道中膝栗毛』にもお伊勢参り[36]が描かれているように、厄落としや物見遊山などを目的に旅をした。

２００７年１月１日から施行された「観光立国推進法」は、１９６３年の「観光基本法」[37]を全部改正して制定されたものである。「観光」を冠した法律であるが、「観光」概念の定義はない。その前文に「観光は、国際平和と国民生活の安定を象徴するものであって、その持続的な発展は、恒久の平和と国際社会の相互理解の増進を念願し、健康で文化的な生活を享受しようとする我らの理想とするところである。また、観光は、地域経済の活性化、

35　鉄道網の発達によって、各都市でずれのあった時間が、共通の時間を共有するようになる。「鉄道時間」といわれる標準の時間体系が生まれたのだ。

36　江戸時代には、お陰参りといわれる伊勢神宮への参詣が流行した。五街道をはじめとする交通網が発達したこともお伊勢参りを容易にした一因といえよう。伊勢参詣は宗教行為であるが、これを名目として観光の旅に出たのである。

37　昭和30年代に入り、生活水準が向上し、国民所得倍増計画が策定され、日本経済が成長するのにあわせて、国民の観光への関心も高まった。同時に外貨獲得手段としてのインバウンド（外国から日本への人の動き）旅行者の観光（1964年の東京オリンピック）に期待が寄せられた。つまり、観光基本法制定の背景の一つには、東京オリンピック開催があったといえるだろう。

雇用の機会の増大等国民経済のあらゆる領域にわたりその発展に寄与するとともに、健康の増進、潤いのある豊かな生活環境の創造等を通じて国民生活の安定向上に貢献するものであることに加え、国際相互理解を増進するものである」とある。２００８年には国土交通省の外局として観光庁が設置された。観光立国日本として、観光に対する期待は大きい。

スポーツツーリズム

スポーツツーリズムとは、「スポーツの観戦者やスポーツイベントの参加者と開催地周辺の観光を融合させ、交流人口の拡大や地域経済への波及効果などを目指す世界的な動き」である。スポーツを「する」「みる」「支える」ために行う旅行、それに伴う周辺観光や、スポーツの周辺の人々（「する」人「みる」人「支える」人）との交流などスポーツに関わる様々な旅行といえよう。

日本には大相撲、野球、サッカー、バスケットボールなどのプロスポーツ興行や、高校野球、高校サッカー、大学ラグビー、各地で開催される市民マラソンなど、様々なスポーツの資源がある。これらのスポーツ資源を生かし、インバウンド旅行者や国内旅行の振興を図るために２０１１年に「スポーツツーリズム推進基本方針」が取りまとめられ、２０１２年には一般社団法人日本スポーツツーリズム推進機構が産学官の連携のハブとして設立されている。また2016年には、観光庁・文化庁・スポーツ庁の三庁がスポーツ・文化・観光を融合し、国民が心豊かな国民生活を送るとともに、誇りと愛着を持つ活力に満ちた地域社会を実現していくために「スポーツ文化ツーリズム」についての包括的連携協定を結んだ[38]。この協定は2020年東京オリンピック・パラリンピックの文化プログラムの一環でもある。

観光資源とは「観光客を集めるのに役立つ、景色・風物・史跡など[39]」であり、スポーツツーリズム（スポーツ文化ツーリズム）は、スポーツ（スポーツ文化）を観光資源としたツーリズムである。

ジョン・アーリ[40]は、「観光とは、日常から離れた異なる景色、風景、町並みなどに対して「まなざし」もしくは視線を投げかけること」だという。この意味において、観光はスポーツとその本質で類似している。スポーツの原義も「日常生活から離れること、気晴らし、遊び」だからだ。スポーツも観光も日常から非日常への移動ということができる。

スポーツ人類学が当初、「民族（民俗）スポーツ」をその主な研究対象とし、多くの民族スポーツを発掘、紹介、保存してきたのは、この非日常への「まなざし」がスポーツ人類学研究の「まなざし」に親和したからだろう。また、民

38　2017年3月には、「スポーツ文化ツーリズム国際シンポジウム」を初開催、「スポーツ文化ツーリズムアワード2016大賞」を決定し表彰した。

39　松村明編：『大辞林』第三版、三省堂、2006年。

40　ジョン・アーリ：『観光のまなざし』、法政大学出版局、1995年。

族スポーツの保存には、その民族文化を維持するための経済的な基盤が必要だった。それは「民族スポーツ」を観光資源とすることでもあった。しかし経済的な繁栄とともに、自然環境の破壊、文化の変容[41]・侵害、犯罪の多発等々、当該民族文化にも大きな弊害を引き起こすことにもなった。

観光資源とされることは、経済的効用をもっているということでもある。前述の三庁連携協定は、「新たに生まれる地域ブランドや日本ブランドを確立・発信し、２０２０年以降も訪日観光客の増加や、国内観光の活性化を図り、日本及び地域経済の活性化を目指す」としている。つまり、スポーツを観光資源として経済を活性化させ、お金を生み出すシステムの構築が目的なのだ。

スポーツもツーリズムも、お金儲けという経済原則から逃れられないのが現代社会である。

41　異文化などとの接触により、伝統文化といわれていたものが変容していくことについての是非についてはここでは問わない。伝統は創り出されたり（エリック・ボブズボウム「創られた伝統」）変化したりするものだからだ。

コラム③：日本初のメディアスポーツイベント

東京、上野といえば、上野公園の桜、西郷隆盛の銅像、動物園のパンダ、博物館や美術館で有名だが、明治時代、上野公園はスポーツイベントの場でもあった。上野不忍池畔では、競馬や自転車競走(レース)などが開催されたのである。競馬はギャンブルというよりも、馬を走らせるエンターテイメントだった。また、自転車競走は自転車やタバコの販売戦略として利用されていた。自転車は走る広告塔だったのである。そして、この不忍池畔で、日本で最初のメディアスポーツイベントも開催された。時事新報という新聞社が主催した「十二時間の長距離競走」である。今から１００年以上前の１９０１（明治34）年11月のことだった。

長距離競走というとマラソンが思い浮かぶ。マラソンは42・１９５㎞という決められた距離をいかに速く駆け抜けることができるかを競う競技である。しかし、この長距離競走は違っていた。12時間にどれだけ長い距離を移動することができるかを競う競走だったのである（42・１９５㎞がオリンピックのマラソンの正式距離に決まったのは１９２４年のパリオリンピックから）。

この長距離競走は次のような目的で行われた。原文のまま少し引用したい。

「時事新報が十数年来力を体育の奨励に致したるは世人の兼てより熟知する通り……其最も重要なる目的は国民全体の体力を健全にし随(したがっ)て其精神を活発にして有形無形諸般の事業発達に資すること是れなり。……近来西洋にて長距離の健脚競走を実行し競争時間の最も長きは月曜日の午前零時より土曜日の午後十二時に至る全六日即ち百四十四時間に亘り其間に競走者の歩行し得たる哩程の長短を比較して優劣を定むるものさへあるよし。蓋し短時間の競走は以て健脚の実力を発揮するに足らざるが故に殊更らに時間を長くしたるものにして之を目して健脚の耐久力養成法と云ふも可なり。依て本社は其例に倣ひ広く世間の健脚者を募集して同様の長距離競走を実行せしめん」[42]

つまりこの大会は、国民の体育奨励を目的としていた。とはいえ新聞がイベントを開催し独占的に報道することで、新聞の販路拡張を狙っていたといえるだろう。また、大会自体が西洋に倣ったもので、大会関連報道の中で西洋の記録を紹介し、その記録の打破を目指すことで、日本人の体力の優秀さを示し、国威を発揚する役割を果したと考えられる。その意味で日本初のメディアスポーツイベントはナショナリズムと結びついていた。

さて、この長距離競走大会は、午前4時から午後4時までの12時間、ひたすら上野不忍池畔を周回し、70マイル（約112km強、不忍池畔76周余）以上を走破することを目標とした。大会に参加するためには、長距離走破の実績を自己申告する必要があったが、それ以外の制限は特になかった。そして申込者100余名に対して体格検査を行い、そのうえで15名を選抜した。その職業は学生、人力車夫、魚売りや郵便配達夫などバラエティーに富んでいた。紙面では連日選手の人となりや練習風景などの様子を伝える記事が掲載された。この長距離競走大会を大いに盛り上げたのである。

42「十二時間の長距離競争」『時事新報』、明治34年10月1日、p.4。

大会翌日には大会当日の様子を報道するために多くの紙面が割かれ、12時間にわたる競走の実況が掲載された。なにぶん初めての長距離競走大会である。現在のマラソンとは全く趣の違う大会となった。そもそも、12時間走り続けるというのはかなり大変である。そこで選手は、歩いたり、ゆっくり走ったり、煙草をふかしながら歩いたりと、それぞれのペースはまちまちだった。全力で走り続ける大会ではなかったのである。途中で休憩したり、握り飯や餅などで空腹を満たしたり、休憩中にビールやブランデーを飲む選手もいた。選手の服装、休憩中の様子、食事、疲労の様子なども詳しく新聞紙上で再現された。

優勝者は人力車夫の安藤初太郎。残念ながら目標である70マイルを走破することはできなかった。しかし、当初の体育奨励の目的を果たすことができた、と『時事新報』は社説で総括している。「十二時間の長距離競走」は盛況のうちに幕を閉じたのである。

しかし大会直後、優勝した安藤初太郎が死亡したという風評がたったり、この大会に対する批判記事が新聞『萬朝報』に掲載されたり、雑誌『教育界』では、この大会の開催は「体育か体害か」という記事が掲載されたりした。体育奨励を掲げてスポーツイベントを開催したのだが、他誌から批判されたのである。つまりそれほど影響力の大きかった大会だったといえるだろう。

結局第二回の長距離競走大会は開催されなかったが、メディアスポーツイベントのもつ影響力は捨てがたく、これ以降メディアスポーツイベントは、国策を代弁する体育奨励などの目的を掲げながら、種目や形式を変えて各地で開催されるようになった。

日本最初のメディアスポーツイベントは、さまざまな「物語」を読者に発信した。それは選手にまつわる「物語」だったり、日本人の身体の理想像の「物語」だったり、国威発揚の「物語」だったり、当時の時代の要請を反映した「物語」だった。読者はその「物語」を受け取り共感することで無意識のうちに共通の感性、価値観をもつ「国民」意識を形成することになったといえるだろう。日本初のメディアスポーツイベントは、「物語」の発信によって、読者の感性を均質化し、読者を国民化する装置の一つとして機能したのである。

現代社会においても、メディアをとおして様々な「物語」が伝えられている。我々の感性や身体は、そのメディアをとおした「物語」の影響から逃れられないのかもしれない。

コラム④：隅田川を泳いだ女性

隅田川は東京の水運の中心で水上バスも行き来している。現在では護岸工事も施され、川岸が遊歩道になっている。戦後の高度経済成長期には、工場や家庭からの有害な排水が増加し、水質は悪化、悪臭がして「生き物は生息できない」といわれるほど汚染された。しかし、近年では水質はかなり改善された。散歩をするには大変気持ちの良いところである。

この隅田川、およそ20世紀初頭までは水泳の場だった。日本における水泳の技術は古来より漁業の術や武芸として伝わってきた。いわゆる水術、日本泳法である。武士の習いの一つだった。明治維新による幕藩体制の廃止とともに江戸時代の水術は一時衰退した。しかし明治6年頃から隅田川浜町河岸等で水練場が再開された。武士の特殊技能だった水術が、誰でも練習料を支払えば習得できる水術へと変化したのである。毎年、夏になると日本泳法各派の練習場が隅田川の河岸に出現した。

それから日清・日露の対外戦争の経験によって、四周を海に囲まれた日本の海防の必要性が広まり、水泳は「海国男児」の必修の技術といわれるようになった。しかし、日露戦争前後から隅田川沿岸に工場が建設され、汚水が河に流れ出るようになったため、水練場は次第に大森、羽田などへ移転し、それ以後、隅田川は水泳の場となることはなかった。

さて、日本で公式にセーラー服が紹介されたのは、明治39（1906）年。体操遊戯取調委員会報告で

「女生徒運動服図案」として示されたのが最初である[43]。しかし、当時の伝統的な女性観から洋服、運動服への抵抗が強く、セーラー服が採用されるのは関東大震災を経た昭和初期になってからである。とはいえ、このように女子の体操服が文部省から図案として示されたことは、女子体育への関心が高まっていたことがうかがえる。

明治30年代になると女学校でもスポーツのクラブ活動が行われるようになった。女子大や女子学習院の運動会が人気を集め新聞紙上で紹介されたのもこの頃である。「日本の指導者階級の妻となり母となる女性たちに、体育が重視され、それを具体化する使命を荷(にな)ったのが明治の女学校[44]」と考えられていたことも一因だろう。さらに日清・日露の対外戦争の経験は、日本人の体格の劣悪さを実感させることとなり、国民の体格、体力の向上、改善に関心が寄せられるようになった。さらに、生まれてくる子供の優秀さとその源になる母親の身体的優秀さにも関心が集まり、女子体育の重要性が強調されるようになった。

女子体育振興の背景には、「服装改革」をはじめ、女性の体格改善、女性の健康な身体は「国家の資本」であるとの考え方などがあったのである。

このような国民体育の奨励は学校現場のみのことではなく、明治30年代半ばになると「体育奨励」を目的としたメディアスポーツイベントが開催されるようになった（時事

43　井口あくり・可児徳・川瀬元九郎・髙嶌平三郎・坪井玄道：『體育之理論實際』、明治39年7月、國光社、pp.403-405　（『近代体育文献集成　第Ⅰ期』、第5巻総論Ⅴ、昭和57年9月、日本図書センター）。

44　岸野雄三・竹之下休蔵：『近代日本学校体育史』、昭和58年2月、日本図書センター、p.60　（底本『近代日本　学校体育史』東洋館出版、昭和34年7月）。

新報社主催「十二時間の長距離競走」など)。なかでも先述の隅田川を舞台に、水泳のメディアスポーツイベントが開催されたことがある。明治41年8月、報知新聞社は隅田川で「体育奨励水泳大競争会」を主催した。この水泳大会は隅田川の千住大橋から新大橋間の5マイル(約8㎞)の流れを下るものだった。参加応募者は300名を超え、予選競泳(吾妻橋―新大橋間)には約180人が参加した。この大会で特筆すべきことは、女性が参加したことである。これ以前にこのようなメディアスポーツイベントに女性が参加したという記録はみあたらない。大島生まれの濱口たいという女性が参加を申し込み、予選競泳の第四回に出場したのである。残念ながら濱口は予選競泳で規定の成績を収めることができず、本選には選抜されなかった。しかし「婦人の持久性と海国女性の大勇気とを発揮せしむるが為め[45]」との理由で番外選手として本選に加わることになったのである。男性の中に紅一点の女性参加者は、新聞読者の興味を誘うには十分な話題だっただろう。

さらに女性の参加は濱口たいにとどまらず、番外として加入したいと申し出た3人の女性を番外女性選手として追加することを大会前日に発表したのである。この番外女性選手の追加によって、男性の競泳に女性が参加するという珍しさ、さらに女性の間でも競泳が行なわれるという興味を付け加えることになった。そして「海国男子を生む可き将来の賢母の競泳こそ十六日の競泳中目醒ましきものの一つなりけれ[46]」というように、女性の競泳が一つの呼物になっ

45「婦人競泳者の再泳」『報知新聞』、明治41年8月15日、第4面。
46「大水泳競争記」『報知新聞』、明治41年8月17日、第4面。

たのである。大会当日隅田川には30万人もの見物客が集まったといわれている。

この「水泳大競争会」の会長を務めた海軍中将肝付兼行は、大会終了後、「本日選賞に与りたる諸君は海国男子として敷島女子として世界に恥ぢざる大名誉を得たるなり。……就中(なかんずく)婦人の諸君に在りては深く諸君の未来の妻たり母たる天職に顧み、敷島女子の代表名誉者たる今回の光栄に対して一層の奮励あらんことを祈る」[47]と演説した。

つまり、男性のみならず未来の妻であり母である女性にも水泳を奨励することが、この大会を契機に期待されたのである。この背景には、女性の体力、体位の向上を目指す考えがあったといっていいだろう。女性は丈夫な国民を生む存在であるという考え方である。

このように、女子体育や水泳は、未来の国民を生み出す母としての女性の体育奨励の手段であり、国家的目的のために奨励されたのである。

この「体育奨励水泳大競争会」の開催された明治41年は、まだクロール泳法が日本で確立されていなかった頃である。いわゆる日本泳法がおよぐ術だった。そのような時代にあって、このような競泳のメディアスポーツイベントが開催されたこと、そこに女性が参加したことは、これまであまり明らかにされてこなかった女性史の一側面であろう。

47 「大水泳盛会記」『報知新聞』、明治41年8月17日、第7面。

コラム⑤：「棒倒し」考

運動会は遠足、修学旅行と並び、日本独特の学校行事として現在に至っている。今ではＪＩＣＡやスポーツ・フォー・トゥモロー政策によって、いわゆる発展途上国などでもＵＮＤＯＫＡＩが開催され、日本文化の紹介、スポーツ振興に一役買っている。

運動会で行われる「綱引き」や「騎馬戦」の歴史については、「綱引き」は稲作に結び付く農耕儀礼、「騎馬戦」は、武士の戦闘訓練をその起源とするというように説明されてきているが、「棒倒し」については、あまり詳細にその歴史が語られてこなかった。

「棒倒し」の起源は、自由民権運動の壮士運動会にさかのぼるという記述が散見される。壮士運動会では「政権争奪騎馬戦」「圧政棒倒し」「自由の旗奪い合い」といった競技が行われたという。「棒倒し」は当時の政府を倒す意味を込めて棒を倒すものだった。とはいえ、運動会自体が普及していないと、運動会の体で政治に関する意見を発するという壮士運動会は成り立たなかっただろう。しかし、この「棒倒し」の様子を描いた史料を見つけることができなかったため、その実態は不明である。

「棒倒し」は、棒に登り、棒を倒すことが競技の根幹だろう。これは①大将を倒す②陣地をとる（敵の旗をとる）ことにつながると考えられる。

ヨーロッパでは大航海時代以降、帆船のマストを陸上に設置し、それを利用した運動が考案された[48]。

棒を登るという運動もこれに通じるものがある。

明治期の少年向け雑誌を確認してみると「杆登り」を遊戯体操として紹介する記事があり[49]、棹（竿、棒）に登る方法が解説されていた。

また、『少年世界』に掲載された「農科大学運動会」という記事では運動会で「綱登旗取」が行われてたことを示していた[50]。同様の記事は次の年にも掲載されていた[51]。『少年世界』にはこの競技の様子についての解説記事はなかったが、Webサイト「東大農学部の歴史」[52]にその写真が掲載されている。「綱登旗取（マスト昇り競争）」とキャプションのついたその写真は「高さ3丈（約9ｍ）の柱に四方から斜めに綱を取り付け合図とともに綱をよじ登り頂上にある布片をとる」様子を映しだしている。この写真は明治31年のものだという。マスト（棒）を登り、その先についた旗を奪う、という競技が人気を博していたことがわかる[53]。

大日本帝国の軍隊では、軍旗は陸海軍の大元帥の天皇から直接手渡される極めて神聖なもので、天皇陛下の分身であると認識された。このような軍旗（旗）の神聖性は、武士の時代にもあったと考えられるし、戊辰戦争の時にもみられた。軍旗（旗）を奪われることは大将を奪われることであり、陣地を奪われることでもあった。

48　寒川恒夫編：『図説スポーツ史』、朝倉書店、1991 年、pp.90-93。
49『幼年世界』、第 2 巻 13 号、明治 25 年 7 月。
50『少年世界』、第 1 巻 23 号、明治 28 年 12 月。
51『少年世界』、第 2 巻 22 号、明治 29 年 11 月。
52「東大農学部の歴史」http://www.a.u-tokyo.ac.jp/history/gallery3.html（2019 年 4 月 4 日確認）。
53　明治 39 年、大正 10 年の運動会でも実施されていた。

少年向け雑誌の記事を振り返ってみると、明治20年代後半以降、日清戦争、日露戦争の影響もあり、戦争を模した遊戯を紹介する記事が多数掲載されており、それらが推奨されたことがうかがえる。運動会の普及が戦争を模した遊戯の普及にもつながったといえよう。

鹿児島では「大将取り」といわれる遊びがあったという。敵味方に分かれ、大将を決め、大将以外の子供たちが大将を守るため、または敵の大将を奪うために攻撃を仕掛ける遊びである。人垣を突破して敵の大将を奪えば勝ちなのだが、それではけが人が続出するため、大将の代わりに棒の上に立てた旗を奪うようになったという。これが棒倒しの原型になったという説もある。鹿児島出身者がこの遊びを海軍兵学校に持ち込み、そこで「棒倒し」が海軍兵学校の名物となったという。インターネットで海軍兵学校を調べてみれば、「江田島名物の棒倒し」に関する記事を見ることができる[54]。これが、現在の防衛大学校開校祭名物の「棒倒し」の起源である。

さてこのようにみてくると、運動会の「棒倒し」は、「旗取り競争」「杆登り」「綱登旗取」「大将取り」などの遊びや競技から生み出されたものと考えられるのではないだろうか。そこには、軍旗を神聖視する大日本帝国軍の価値観が反映されていたといってもよいだろう。

とはいえ、どのような過程を経て「棒倒し」という競技が成立したのか、どのように海軍兵学校に伝えられたのか、そしてどのように全国の運動会に広まったのかは、まだ解明されていない。

54 「海軍兵学校江鷹会」http://kouyoukai.info/kiseki.html（2019年4月4日確認）など。

明治 31 年の運動会　綱登旗取（マスト昇り競争）
http://www.a.u-tokyo.ac.jp/history/gallery3.html

第三章　歴史・思想からスポーツを考える

1．ドーピング　―私の身体は誰のものか？―

ドーピングとは？

オリンピックなどの世界的なスポーツ大会の際に必ず話題になるのがドーピング。では、ドーピングとはどのような行為なのか？

ドーピング（doping）という言葉は、もともと南アフリカの原住民が飲んだという強い酒の名前「ドップ」からきている。この強い酒を飲んで、恐怖心をマヒさせ闘争心を奮い立たせて、興奮状態で部族間の争いに出かけたといわれている。また、シャーマンが呪術や祭祀儀礼を行う際に、トランス状態（憑依）に入りやすくするために利用したともいわれている。この強い酒に含まれている野生の植物のある種の有効成分が旅、狩猟、戦いなどに必要な体力や勇気を増強させたり、疲労を回復させたりするのに用いられたのである。この名前が英語化したのだ。

初めて英語の辞書に登場したのは1889年で、「競走馬に与えられるアヘンと麻薬の混合物」と説明されていた。つまり、ドーピングの対象は、人ではなく馬だったのである。

英語のドープ(dope)を辞書で調べてみると、名詞では「1麻薬(drug)、「ヤク」、違法薬物(特にマリファナ・コカインなどを指すことが多い)。2ばか（者)、まぬけ。3《…についての》

秘密［新］情報。４鎮静剤［薬］、催眠剤」。動詞では「〈人・動物など〉に薬［麻薬、興奮剤、催眠剤］を飲ませる；〈飲食物に〉薬物を混ぜる.,〈人などが〉（薬物のために）冷静に思考できない状態にある。[1]」と記述されている。また国語辞典によると「〔麻薬を与える意〕①スポーツ選手が運動能力を高めるため、禁じられた薬物を用いること。[2]」とある。

しかし、国語辞典の語釈ではスポーツにおけるドーピングを説明しきれていない。なぜなら、薬物の使用だけがドーピングではないからだ。ＪＯＣ[3]は、「ドーピングとは競技能力を増幅させる可能性のある手段（薬物あるいは方法）を不正に使用すること」だとしている。また、ＷＡＤＡ[4]は毎年、世界ドーピング防止規程に基づいて禁止表を国際基準として公表している。この禁止表に記載されている禁止物質の使用及び禁止方法を行うとドーピングとみなされる。さらに、ＷＡＤＡは以下のようにドーピングを定義している[5]。抜粋したい。

> ドーピングとは、本規程の第2.1項から第2.10項に定められている一又は二以上のアンチ・ドーピング規則に対する違反が発生することを

---

1 『ウィズダム英和辞典』、三省堂、2003年。
2 『大辞林』第三版、三省堂、2006年。
3 Japan Olympic Committee 日本オリンピック委員会 。
4 World Anti-Doping Agency 世界アンチ・ドーピング機構。
5 世界アンチ・ドーピング機構：『世界アンチ・ドーピング規定　2015年版』。https://www.playtruejapan.org/upload_files/uploads/2018/04/wada_code_2015_jp_20180401.pdf　(2019年2月18日確認)。

いう。

2.1　競技者の検体に、禁止物質又はその代謝物若しくはマーカーが存在すること。

2.2　競技者が禁止物質若しくは禁止方法を使用すること又はその使用を企てること

2.3　検体の採取の回避、拒否又は不履行

2.4　居場所情報関連義務違反

2.5　ドーピング・コントロールの一部に不当な改変を施し、又は不当な改変を企てること

2.6　禁止物質又は禁止方法を保有すること

2.7　禁止物質若しくは禁止方法の不正取引を実行し、又は、不正取引を企てること

2.8　競技会（時）において、競技者に対して禁止物質若しくは禁止方法を投与すること、若しくは投与を企てること、又は、競技会外において、競技者に対して競技会外で禁止されている禁止物質若しくは禁止方法を投与すること、若しくは投与を企てること

2.9　違反関与

2.10　特定の対象者との関わりの禁止

つまり現在では、ドーピング検査での陽性以外に、禁止薬物の使用を企てること、検査を拒否すること、ドーピング検査妨害、禁止方法（血液ドーピング[6]や検体である尿のすり替えなど、遺伝子ドーピング[7]）を行うこと、居所情報を提出しないこと、使用しなくても禁止薬物を所持すること、共犯関係のスタッフの行為などもドーピングと規定されている。

ＷＡＤＡが毎年公表している禁止表国際基準には、様々な化学物質が記載されている。とはいえ、これら禁止薬物を使用しただけで競技力が向上するわけではない。競技力向上にはトレーニングは不可欠なのだ。化学物質（禁止薬物）はトレーニング効果をあげるためのものである。

覚醒剤や興奮剤の使用は、集中力や持久力を向上させる。また、疲労を意識しなくなる。そこで、通常以上にトレーニングをすることが可能になるのだ。タンパク同化剤などの筋肉増強剤は、トレーニング効果を上げるものである。気管拡張剤（ぜんそくや風邪の薬に含まれる）は、気管を拡張することで、体内への酸素の供給量を増やす効果がある。利尿剤やその他の隠ぺい剤は、禁止薬物を使用したことを隠すために使用される。

また、禁止表のどのセクションにも対応せず、人体への治療目的使用がど

6　血液ドーピングとは、自分の血液を冷蔵保存しておき、競技直前に体内にその血液を戻すこと。血液量が増え、体内の酸素運搬能力が向上する。

7　遺伝子を操作することで身体能力を向上させること。すでに現代の科学では可能である。前に（第二章　1.スポーツとメディア）述べた通り、中国では遺伝子を操作したデザイナーベイビーが誕生している。

の政府保健医療当局でも承認されていない薬物（例えば、前臨床段階、臨床開発中、あるいは臨床開発が中止になった薬物、デザイナードラッグ、動物への使用のみが承認されている物質）は常に禁止される。

ドーピングの歴史

古代ローマの戦車競走では、馬を興奮させて走らせるために、蜂蜜を発酵させた酒を飲ませたといわれている。

メキシコの高地にすむ先住民タラウマラ族には、三日間休むことなく、ほとんど飲まず食わずのまま500㎞に及ぶ距離をひたすら走る成人儀礼がある。この過酷な試練を乗り越えるために、若者はペヨーテと呼ばれるサボテンを摂取する。ペヨーテに含まれるメスカリン系の化学物質には身体能力を増強させる効果があるのだ。これを摂取することで、平常ではありえない耐久力と意識の高揚状態を作り出し、肉体的にも精神的にもこの通過儀礼を乗り越えることができるのである。このペヨーテの持つ効果は広くインディオに知れ渡っており、ペヨーテの儀礼的利用は今でも行われている[8]。このように運動能力、身体能力を向上させるために何らかの物質を摂取することは、古来より人類のもつ知恵でもあった。ドーピングという視点からみれば、禁止

8　今福龍太：『ブラジルのホモ・ルーデンス』、月曜社、2008 年、p.80。

物質の摂取ということになるだろうが、祝祭においては、儀礼を全うするための神からの恵みでもあるのだ。

いわゆる競技スポーツ(近代スポーツ)は、19世紀半ばに誕生した。娯楽だったり、儀礼だったり、身体訓練だったり、カミに捧げたりしたスポーツ(の原型)は、ルールが設定されることで競技性を帯びるようになった。つまり勝敗が重視されるようになったのである。そこで、勝つために薬物が使用されるようになる。それはまず競馬から始まった。

近代スポーツにおける薬物使用(興奮剤)の最も古い記録は、1865年のアムステルダム運河水泳である。

ドーピングが注目され、禁止されるようになったのはローマオリンピック(1960年)がきっかけである。デンマークの自転車競技の選手が覚醒剤(興奮剤)を使用し、競技中に倒れ死亡する事故が起こったのだ。オリンピックの競技中に死人が出たのだ。これは大問題である。

これをうけて1964年東京オリンピックの際に、ドーピング特別会議が開催された。そして、1968年のグルノーブル冬季オリンピックとメキシコオリンピックから正式にドーピング検査が実施されるようになった。

現在のドーピング検査(尿検査)だが、まず、ドーピング検査対象者は、シャペロンと呼ばれる検査係員に検査対象であることが告げられる。シャペロンから検査対象であることが告げられたら、ドーピング・コントロール・ステーション到着まで、シャペロンの監視下にいなくてはならない。その間のミーティングやシャワーにもシャペロンは同行する。不正行為が行えないようにするためである。ドーピング・コントロール・ステーションの待合室では、スポーツドリンクなどが用意されており、そこで尿意を催すまで待機する。尿意を催したら、検体作成室に移動し、選手自身が未開封の採尿カップを選択し、トイレで、同性のDOC（ドーピング・コントロール・オフィサー）の監視下で（体内（尿道）から直接尿が排泄されているかしっかりと確認される）尿検体を採取することになる。この過程は不正が行われないよう厳密に行われる。

なぜドーピングはいけないのか？

『世界アンチ・ドーピング規程　2015年版』では以下のように宣言している。

アンチ・ドーピング・プログラムの目標は、スポーツ固有の価値を保護することである。これは、「スポーツの精神」と呼ばれる。これは、オリンピズムの真髄でもあり、各人に自然に備わった才能を磨き上げることを通じ、人間の卓越性を追求することでもある。これにより、我々は「プレイ・トゥルー」の精神を実現する。スポーツの精神は、人間の魂、身体及び心を祝福するものであり、次に掲げる事項を含む、スポーツに内在し、スポーツを通して実現する価値に反映されている。

・倫理観、フェアプレーと誠意
・健康
・卓越した競技能力
・人格と教育
・楽しみと喜び
・チームワーク
・献身と真摯な取組み
・規則・法を尊重する姿勢
・自分自身とその他の参加者を尊重する姿勢
・勇気
・共同体意識と連帯意識

ドーピングは、スポーツの精神に根本的に反するものである[9]。

9 世界アンチ・ドーピング機構：『世界アンチ・ドーピング規程　2015年版』。

これをみれば、スポーツの価値は多岐にわたり、スポーツに大きな期待がかけられていることがわかる。そしてドーピングは、これらのスポーツの諸価値を破壊するとしているのである。しかしここには、これらの価値がなぜスポーツの価値とされているのか、その根拠は記載されていない。

ドーピングがいけないとされる理由は大きくわけて三つあげられる。①スポーツの基本理念、スポーツ精神に反する（倫理的根拠）。②選手の健康に有害である（医学的根拠）。③社会悪である（社会的根拠）[10]。これらの根拠を検証してみたい。

まず、スポーツの基本理念、スポーツ精神に反する（倫理的根拠）からドーピングはいけないという視点。ドーピングで身体能力を向上させたアスリートとそうでないアスリートが競い合うことは公平・平等（フェア）でないということであるが、そもそもスポーツ自体が公平・平等（フェア）に行われているのだろうか？　スポーツを支える技術開発は、すべてのアスリートに平等に与えられるものではない。最新のスパイクを履くことができるアスリートもいれば、そうでないアスリートもいる。ルールの公平性も疑わしい。特定の国が勝ち続けるとルールが変更されるという競技もある（スキーノルディック複合やスキージャンプなど）。よって、ドーピングのみが公平・平等を旨とするフェアプレー精神に反するというわけではない。

10　日本オリンピック委員会 Web サイト
https://www.joc.or.jp/anti_doping/about/index.html　（2019 年 2 月 18 日確認）。

さらに、自転車競技などのエリートアスリートは、誰がどのようなプログラムでどんな薬物を摂取しているかという情報がほとんど共有されており、ある意味ドーピング下において「公平性」が実現されている状況である。どうやらスポーツのあらゆる場面において公平性が疑わしいのである。

つぎに選手の健康に有害（医学的根拠）であるという視点。確かにこれまで、ドーピングによる副作用が問題視されてきた[11]。しかし、スポーツに限らず、薬物が健康に与える影響（薬の副作用）については広く認められており、薬物を服用する際に共有するリスクとみなされている。さらに薬物のみならず、過度の飲酒・喫煙など健康に悪いといわれている生活習慣は一般生活においては禁じられていない。スポーツの現場においてのみアスリートの健康を守る、という名目で薬物などの使用が禁止されているのである。結果アスリートは風邪薬を自由に飲むことすらできない。禁止薬物が含有されているかもしれないからだ。さらに、もし健康を害することなく身体能力を向上させることができる薬物があれば、使用してもいいだろう、という反論も可能である。

ドーピングは社会悪である（社会的根拠）。メディアに登場する機会の多い有名アスリートがルール違反とされるドーピングを行う（または薬物を乱用する）

11 筋肉増強剤に含まれる男性ホルモンの過剰摂取による、女性の男性化（毛深くなる、のど仏が出る、声が低くなるなど）、男性の女性化（乳房がおおきくなるなど）などが知られている。

ことで、青少年へ悪影響を与える。この根拠は首肯できる。有名アスリートはヒーロー、ヒロインであり、ロールモデルであることが求められている。よって、有名アスリートの行為が青少年に与える影響は大きいといえよう。しかし、これもドーピングに限ったことではない。ルールを遵守することはスポーツを行う上で大変重要であるが、一方でルールを破ることも認められているのがスポーツである。ファウルが戦術に組み込まれているスポーツもある。たとえば、バスケットボールではファウルは5回まで許される。サッカーでは悪質な場合はレッドカードで一発退場になるが、そうでない場合は許容される。スポーツ現場では故意のファウル、悪質なファウルはなくならないし、犯しても軽微な代償の場合もある。さらに、スポーツ現場にあふれる汚い野次、暴力行為、体罰など、反社会的であり、青少年が真似をするべきでない行為はなにもドーピングに限ったことではない。

このようにみてみると、ドーピングを禁止する根拠は曖昧であり、「ドーピングはダメだからダメ」と主張しているようにも聞こえるだろう。

身体の未来

ドーピングは「自然」な身体に手を加える（加工する）からいけない、という意見もあるだろう。つまりドーピングした身体は「不自然」であるという考えである。しかし「自然」

と「不自然」の境界は曖昧である。前述したタラウマラ族は自然の植物の成分を摂取している。血液ドーピングは自らの血液を体内に戻し血液量を増加させる。これらの行為は「不自然」なのだろうか。

医療行為は、「自然」な身体に手を加えている。生命維持のために薬物が使用されるし、「健康」を手に入れるために、薬物が使用される[12]。また、使用不可能になった臓器は取り換えられる（臓器移植）。このような現代の最新医療は、極論すれば、身体をモノとして加工しているといってもいいだろう。医療現場ではこの「不自然」な行為があたりまえ（自然に）に行われているのだ。しかし、スポーツの現場では取り締まられる。アンチ・ドーピング運動は頑なに「他者」（薬物など「不自然」といわれるもの）からの介入を受けない身体を目指しているといえるし、医療行為は「他者」からの介入なしでは存在できない身体を作り出しているともいえる。

つまるところ、ドーピングを考えることは、身体をどのように考えるか、ということなのである。「私の身体は私のものだから私以外のもの（薬物など）が入ってくると私の身体でなくなる」というのがアンチ・ドーピングの考え方であろう。一方「私の身体は私のものだから何をしてもいいだろう、私の勝手だ（私の所有する身体だから、私が自由に加工してもよい）」とするのが、ドーピングを容認する者の見方だろ

12 予防接種を受けたことがない人はいないだろう。

う。そして現代の医療現場も身体を加工することを容認している。ドーピングは身体所有と身体処理の自由の帰結なのである[13]。

ドーピングがなくならないのは、スポーツが極めて過剰な競争原理の中に呑み込まれ、勝利至上主義に陥っているからである。「勝利」を目指すことは近代スポーツ（競技スポーツ）の背負った宿命でもある。なぜ、勝利至上主義になるのか。勝利することによるメディアへの露出があるからである。勝ってメディアに露出することが、スポーツ、アスリートに大きな利益を提供しているのだ。肉眼では見えない100分の1秒、1000分の1秒が、何億円、何十億円という経済的利益の差になるのである。つまり、スポーツが競争原理と経済原理に取り込まれているのである。ドーピングは競争原理と経済原理が追い求めてきた結果なのだ[14]。

競争原理と経済原理に取り込まれているのはスポーツに限ったことではない。現代社会そのものが、競争原理と経済原理に取り込まれている。よって現代社会の価値観が変わらなければ、ドーピングはなくならない[15]。

13 その帰結が、デザイナーベイビーの誕生だといえよう。

14 アメリカで行われた調査で「金メダルが取れるなら、5年後に死ぬと分かっていてもその薬を使うか？」という問いに52%のアスリートが「Ｙｅｓ」と回答した。アスリートは「死んでもいいから金メダルを取りたい」という心理状態なのだ（伊藤偵之：「ドーピングの現在を考える」『スポートロジイ』、第２号、2013年、21世紀スポーツ文化研究所、みやび出版、pp.109-141）。

15 これからの社会がこのまま競争原理と経済原理によって支配され続けるなら、スポーツは、生身の(自然な)身体のスポーツ(ナチュラルスポーツ)、加工された身体のスポーツ（ドーピングスポーツ）、生身の身体を使わないバーチャルなスポーツ（バーチャルスポーツ）に分化していくしかないだろう。

「3・11」を経験し、競争原理と経済原理が臨界に達していることが露呈した[16]。競争原理、経済原理を追求することは、我々自身の未来を抹殺することにつながっていることが明らかになった。だからこそ、競争原理、経済原理の帰結であるドーピングについて考えることは、我々の身体の未来を考えることにつながるのである。

【参考文献】

松浪稔：『身体の近代化　―スポーツ史からみた国家・メディア・身体―』、叢文社、2010年。

16　原子力の平和利用という名目で原子力発電所が建設された。低コスト(経済的)、二酸化炭素を出さない環境にやさしい発電方法などといわれていたが、福島第一原子力発電所の事故は、我々に、人類は原子力をコントロールすることが出来ないということを示した。また、原子力が決して経済的ではないことも。そして、ひとたび事故が起きれば生物の生存が不可能になる地域を生み出し続けることも。すでに競争原理、経済原理を追い求めていては人類に明るい未来はないことが、明らかになっているといえよう。

2. スポーツと快楽　―プログラミングの内と外―

eスポーツはスポーツか？

eスポーツは今や2018年アジア競技大会のデモストレーション競技でも行われ、2019年茨城国体では文化プログラムではあるが採用されている。IOCのバッハ会長も、現在のところeスポーツがオリンピック種目となることには課題があるとしながらも、競技的なeスポーツは、プレイヤーが既存スポーツのアスリートに匹敵する強度でトレーニングを行っており、スポーツ活動としてみなすことが可能であると認めている。eスポーツは情報化社会が生み出した新しい形のスポーツだという流れは止めようのないところまできているといってよいだろう。

eスポーツがスポーツといえるのかどうか、特に日本においてはそれを疑問視する見方も見受けられる。しかし一方でスポーツの語源が「気晴らし・遊び」であることから、スポーツを広義にとらえその中にeスポーツも含まれて当然だとする言説も多く見受けられる。こうした議論は、単に「sport」をどう訳すかの問題だとも思うが、気晴らし・遊びを語源とする広義のスポーツだからeスポーツも入るのだという論理には、スポーツの快楽という視点からひとつ疑問を投げかけておきたいと思う。

スポーツの語源

そもそも気晴らしや遊びとはどういうものだろうか。Sportの語義の変遷を記したOED（『The Oxford English Dictionary』）を確認してみると「男女のいちゃつき」（Amorous dalliance or intercourse 17）が意味として登場する。これなどは、「大人の」気晴らしであり、理性を置き去りにし、本能のまま快楽を追い求めるものであることが分かる。

Sportの語源とはすこしずれるが、子どもの遊びもまた本能的であるだろう。筆者の子どもの時のことを思い出してみると、何の目的もなしに地面に穴を掘ってみたり、高いところに登ってみたり、あてもなくうろうろとそこらへんを歩き回っていた記憶がある。はたから見れば何が楽しいのかと思われるかもしれないが、時間を忘れるほど楽しかったたし、本人はいたって充実感をもって真剣に「うろうろしていた」。きれいな花を探しに行こうという目的をもって外に出たとしても、その目的はすぐに忘れ去り、木に登り大声で歌ってみたり（しかもでたらめな歌）する。かくれんぼをしていても、オニ役が飽きてしまい勝手に縄跳びを始めてしまう……。そんな経験はないだろうか。オニが探しに来ないのに気付いて、隠れていた

17 The Oxford English Dictionary Second Edition, Volume XVI, p.315,Clarendon Press・Oxford, 1989.

子たちもワラワラとてんでに集まりだし、縄跳びに遊びが自然と移行する。遊びとはこうやって目的や役割をするりとすり抜け、新しい場を創造したりもするものだ。

プログラミングされたコンピューターゲームであれば、そうはいかないだろう。対戦格闘ゲーム「ストリートファイター」の登場キャラクターのリュウは、強い相手を求めて世界中旅をする役割を解くことはできない。はっきりした「目的」があるということである。目的に一直線につきすすみ、わき道にそれない。ステージをクリアする、点数をゲットする、新しいアイテムを手に入れる……。それらは数値化されているため、目的が非常にはっきりしている。もちろん目的に一直線とはいえ、いろいろと試行錯誤をしたり、失敗を教訓に工夫をしてみたりする、そんな余地は残されているだろう。しかしそれも、あくまでもゲーム創作者の意図の「内」での末端の工夫でしかないのだ。ゲームの根幹のプログラミングを外れたところでの工夫は、ゲーム自体を成り立たせなくしてしまう。若干の工夫する隙間は残されているとはいうものの、一つの「目的」のために、まっすぐに一直線に進む。本能のおもむくままとはいかないのである。あらかじめ創作者側が意図した目的をはずれることは、ゲームの場から退場することと同義なのだ。

本来スポーツとは、「気晴らし・遊び」の語源にさかのぼるのであればなおさら、あらかじめプログラミングされたものをなぞるようなものではないのではないだろうか。目的をもたず、もしくは目的をすり抜けたり、ずらしたり、道草しながら、境界を設定しない open end の領域へ、自己さえも脱するようなところに快楽があるはずである。

プログラミングの内と外

こうしたスポーツの快楽について考えをめぐらせば、eスポーツがスポーツのひとつの競技として受け入れざるをえない、我々がもつスポーツ文化の背景が表面化することになる。私たちはついつい、スポーツに過剰に目的をもたせてきている現状がある。心身の健康のため、体力や体型の維持増進のため、自分を鍛えるため、チームの勝利のため、記録のため、国家の名誉のためなど、「……のため」としてスポーツの意味を語ってしまう。健康診断の結果やチームの勝率、体力測定や記録の更新など、しばしば数値化されたデータを高めることを目的に一直線に努力してきてはいないだろうか。体力測定の数値が上がる、体脂肪率が改善される、タイムが更新される、チームの順位が上がる……。数値は目に見えて変化する。それを目標に努力し、それが達成されたときにスポーツの快楽を感じてきたということはないだろうか。こうした快楽はeスポーツがもつプログラミングされたゲーム世界と全く齟齬がないのである。

ただ、それは何に対する快楽なのだろうか？　目的に向かって一直線に努力した結果、自できたときの喜びともいえるのではないか。

分の身体を自分でうまく「支配した」ことによる達成感なのではないだろうか？　ダイエットのときのわずかな体重の減少をみて快感を得るのも、私の身体を〈わたし〉が管理、掌握できたときの喜びともいえるのではないか。

スポーツとは本来、自分の身体を目的のために一直線に鍛えるようなものではないはずである。ましてや、身体の動きの巧みさは測定して数値化できるようなものでもない。目的を設定するということは、スポーツの目的というものは数値化可能で、測定方法も妥当であり、その目的が「正当」であるということが「分かっている」ということである。しかし、身体の使い方に万人に共通の正解などということがあるのだろうか。正解を知っているということは、自分で境界を設定してしまっていることになる。しかし身体の使い方の巧みさの限界は、誰かが「分かることができる」ものなのだろうか。そんなものがあるのだとしたら、誰かのプログラミングの内で遊ばされているだけなのかもしれない。スポーツは目的を設定してそれに向かって鍛えていくようなものではなく、常に目的が変化していくような、新しいものが常に創造されていくようなものではないだろうか。目的をすり抜けたり、ずらしたり、道草しながら、境界を設定しない open end の領域への移行に快楽があるのは、気晴らしや遊びの世界と同じである。誰かが設定したプログラミングの内で転がされるものとは違うのである。誰かが限界を設定できるほど、スポーツする身体は単純ではない。

スポーツは自分自身を支配したかのような錯覚に快楽を感じるようなものではなく、常に自分を超えたものに道を開いていくようなところにスポーツの快楽はあると思うのだがどうだろうか。スポーツ選手がしばしば究極の集中状態にあるときに「身体が勝手に動いた」という表現を使う時がある。自然と身体が動いてしまって、気が付いたらボールを蹴っていた、技をかけていた、速く走れていた……。〈わたし〉が意図して「動かした」のではなく、自然と動いてしまう。これが自分を超えたものに、身をゆだねることができた快感。目的に応じて身体を支配するのではなく、身体が〈わたし〉を未知の世界につれていく。そんな一瞬を一度でも味わうことができたなら、それこそがスポーツの快楽というものだろう。

3. スポーツと儀礼 ―身体の消尽―

スポーツと儀礼の結びつき

「スポーツと儀礼」と聞いて、この二つが結びつく人はどれくらいいるだろうか？　儀礼といえば普段使わない言葉と感じるかもしれないが、実は我々に馴染みの習慣――たとえば七五三の祝いや結婚式、還暦の祝いや葬式など――のことを指す。すなわち日常生活とは異なった場面で、形式に則った体の動作や言葉、象徴性（例えば千歳飴は長寿を願った象徴的なモノ）を伴った行為のことを「儀礼」と呼ぶ。実はこの儀礼と（広義の）スポーツは深く結びついているものであり、世界中にその事例を上げることができるといえば、意外に思うだろうか？

こうした「儀礼」の中で、「力比べ」が盛んに行われているのであるが、これなどは典型的な例であろう。それを人間同士で行えば相撲（レスリング）となるし、石や米俵、鏡餅を持ち上げ、神前で「力比べ」する例もある。たとえば力比べ用の「力石」と呼ばれる石は現在でも神社などに残されており、それを用いた「石担ぎ儀礼」の事例は日本各地にある。力石はおおよそ１００kg前後の重さが多いようであるが、中には２００～３００kgもある伝説の力石も現存している。力の競い方は、地面を離れればよい場合や、肩までもしくは頭上まで持ち上げなければならないなどと様々である。また抱えて歩いたり、身体のまわりを回したりなど、地域によって多様なルールがある。こうした石担ぎの儀礼は日本だけのものではなく、たとえばスペイン・バスク地方などでも同様に、大きな石を担ぎあげたり、首の周りでまわしたりする儀礼が伝承されている。

また我々がスポーツもしくはレクリエーションとして楽しんでいるバンジージャンプも元々は、メラネシアのバヌアツ共和国で伝承されている儀礼に起源がある。バヌアツでは、男性が14〜15歳になると、バンジージャンプ（現地ではナゴールと呼ばれる）を儀礼として行っている。ジャンプ台から飛び下りるときに足にくくりつける蔓も森から自分で採集し、あくまでも自己責任でジャンプする。そのジャンプは地面に頭がすれすれの所でぶら下がるくらいが良いとされるので、蔓の長さはそれを基準に自分で調節する。そうしてジャンプが成功して初めて、大人として認められ、結婚することが許されるという。

さらにエチオピアでは、牛跳びの儀礼が報告されている。10頭ほどの牛を横に並べ、その背中に飛び乗り、その背中の上を3往復することができれば成功となる。また、インドネシアのニアス島では、２ｍほどもある跳び箱状の石を飛び越える儀礼もある。いずれも、それら障害物を身軽に跳び越えることができれば大人の仲間入りをはたすとされている。

儀礼の場でスポーツをする意味

なぜこうした儀礼の中で（広義の）スポーツが行われているのだろうか？　わざわざ儀礼の場でスポーツをするからには、それなりの意味があるだろう。それを考えるためには、一度、我々が普段どういった機会にスポーツを行い、何のためにスポーツをしているのかを思い起こしてみてはどうだろうか。

まず私たちは学校教育の中での体育の授業やクラブ活動でスポーツに親しむことを覚える。それから学校を卒業すれば、健康維持や促進、ダイエットを目的とし日常的にスポーツで身体を鍛える人もいるだろうし、ストレス発散のためにレクリエーションとして余暇にスポーツを楽しむ人もいるだろう。こうしたスポーツの機会は、「スポーツ基本法」の例を出すまでもなく国家規模で奨励されている。健康促進のためのスポーツは、もはやその価値に疑問を差し挟むことが許されないほどの現代の常識ですらある。現在、我々がスポーツを行う理由に、身心の健康やダイエットは外せない目的といえるだろう。

では、儀礼の中のスポーツはどうだろうか？　身心の健康のため？　いやいや、そんなことはない。むしろ対極にあるかもしれない。健康どころか身体を壊したり、最悪の場合命を落としたりすることも考えられる。専門家の元で常時トレーニングを続けた選手（しかもマウスガードや特別なベルトを着用して）ならいざ知らず、年に一度の儀礼の際にだけ自らの極限まで１００kgもの石を上げ下ろしするのである。いくら屈強な力自慢の若者とはいえ、重いものの上げ下ろしに特化したトレーニングを年中行っているわけではない。ならば健康どころか身体を壊しても不思議ではないだろう。

またバンジージャンプも、我々がレクリエーションでスリルを楽しむのとは次元が違う。「安全」を何よりも優先させたレジャー施設の設備とは異なり、儀礼の中のバンジージャンプでは、ジャンプ台も木製の手作りのものである。その上、自然物である蔓を足に巻きつけジャンプする。ジャンプ台の足場が崩れたり、予想よりも蔓が伸びたり切れたりするのは当然である。すなわち儀礼の中のバンジージャンプは命を賭したものである。命を賭してまでのスポーツが今も世界中の儀礼の中に伝承され続けていることは、現在のスポーツの概念に慣れ親しんでいる者にとって、一見理解し難く感じるのは当然だろう。ただ、これこそが儀礼の中のスポーツの姿なのである。だったら、何がその理解を妨げているのだろうか。

身体で生きる

現在、（もちろん楽しいからということもあろうが）「健康のために」ということをことさら強調してスポーツを行う我々は、理想の「あるべき身体」に自らの身体を近づけていくことから抜け出せないのかもしれない。身体はしばしば客観的なものとして対象化され、「健康」

という理想を得るために、身体を動かす。しかしそれでは〈わたし〉が身体を所有し「管理」することになっていまいか？　自らの身体を人と比較し、自分の身体をデザインするためにスポーツをしてはいないか？

　ここで今一度立ち止まって考えてみよう。人が生きるということは、身体を所有することではなく、身体で生きることに他ならない。このあたりまえのことが、現在あまりにも忘れ去られている。しかし我々も少し前までは、日常的に身体を身近に感じざるを得なかったはずだ。身体を動かすことは「食べ物を獲得する」ということと同義であったからである。例えば田畑を耕し、身近な生き物を獲りその命をいただいて自分たちの生命を維持してきた。その命をいただくことで滋味が身体に染み込み空腹が心地よく満たされていく。こうして他の命が〈わたし〉の生きる糧になり、身体を造り、身体を動かす力となる。そうして排出された人肥は肥溜めから畑に撒かれ、それがまた食物となって戻ってくる。いわば食という命のやりとりのサイクルの中に、わたしの身体がしっかりと位置づいていた。身体を動かし食物を得て、それがまた身体を造る――そのサイクルが絶えることなく繰り返されることこそが自分たちを生かしている。

　このように、人が生きることと身体がしっかりと結びつき、身体で生きている社会の例が、儀礼におけるスポーツの世界である。これらスポーツが提示する身体――強い力、思い切りの良い身のこなし、跳躍力、安定した足腰の動き——はそれぞれの共同体が（特に生業の上で）必要としていた、自分と共同体が生きるために不可欠な身体の集大成である。大きな石を担げて一人前。バンジージャンプをとべたら大人の仲間入り。そうした一人前の身体が即、労働力となり、家族の食物獲得を約束し、共同体を支える。儀礼の中で石担ぎやバンジージャンプが成功するということは、共同体の命運を大きく左右するだけの責任がその身体に宿った瞬間なのである。その身体を神々に提示し共同体で確認し合う。身体が大人になるというのは、個人的な成長だけではない。それが共同体で分かち持たれて初めて、人は身体で生きることができることを、この事例は教えてくれる。それが儀礼の中のスポーツの意味でもあるだろう。

儀礼の中のスポーツは、目的（たとえば「健康」のためなど）のために〈わたし〉が身体を使用するような行為とは違う。「……のため」に使われた身体ではなく、生き生きとしたありのままの身体そのものである。だからこそ、命が賭されるのである。これが究極の身体のあり方。管理されるものでもなく、生きると同義の身体。それが「消尽」とでもいうべき、スポーツのあらわれとして儀礼の中に体現される。それが儀礼とスポーツの関係である。身体で生きる社会において、スポーツは消尽である。身体は管理されるものではないのである。身自らの命を賭して、身を捧げるほどの強度をもつ。それが生きることと直結しているスポーツの原初の形である。そこに、生々しい命を携えた身体がある。そこからスポーツは始まった。スポーツの根源の意味を「儀礼」という視点が教えてくれる。

4. 運動会 ―日本の祝祭―

合図とともにパラシュート花火が打ち上げられる。整列した園児たちが一斉に空から落ちてくるパラシュートを求めて走り出す。20年程前に目にした、福島県相馬市のある幼稚園の運動会で繰り広げられていた光景である。運動会のハイライトだった。演目名は「相馬野馬追」。パラシュート花火のパラシュートを、相馬野馬追の本祭り、神旗争奪戦の神旗に見立てているのだ。郷土のお祭りが幼稚園の運動会の中で演じられる。こうして「相馬野馬追」は園児の中にも浸透し、相馬っ子のアイデンティティが形成されていくのだろう。

運動会のはじまり

運動会は、遠足、修学旅行、学芸会と並んで、日本独特の学校行事の一つである。

運動会のはじまりは、1874（明治7）年に海軍兵学寮（のちの海軍兵学校）で開催された「競闘遊戯会」だといわれている。もともと、欧米の海軍学校には、遊戯道具（スポーツ用具と考えてもよい）が備えられており、余暇などにこれを使って遊ぶことがあった。そうやって息抜きをすることで、勉強もはかどり、身体も強くなったという。「競闘遊戯会」は、この考えのもと開催された。この遊戯会をリードしたのがイギリス海軍中佐ダグラスであり、彼は兵学寮で海軍将校の養成を担っていた。また、そのためにイギリス式の教育の一環として近代スポーツの導入を図ったという。「競闘遊戯会」のプログラムには、300ヤード走、600ヤード走、幅跳び、高跳び、三段跳びなどのほか、二人三脚、目隠し競走、頭の上に水の入ったバケツを乗せての競走、卵拾い競走、豚のしっぽを捕まえる競争など、今でいう陸上競技からレクリエーション色の強い競技(競戯?)などが実施された。

1878(明治11)年、札幌農学校(のちの北海道大学)では「力芸会」が開催されている。これは、当時札幌農学校で教鞭をとっていたマサチューセッツ農科大学出身の外国人教師たちの影響だといわれている。徒競走、跳躍競技などのほかに、二人三脚、障害物競走、食菓競走(パン食い競走)などが実施された。これも余興的な性格を持っていた。

いっぽう1883(明治16)年、お雇い外国人ストレンジの指導で、東京大学及び同予備門合同の陸上運動会が開催されている。1885(明治18)年からは東京大学で運動会が定期的に開催されるようになった。これは、砲丸投げ、ハンマー投げなど、陸上競技の主な種目が網羅されており、陸上競技大会の色彩が強いものだった。

さて、1886(明治19)年、初代文相森有礼のもと「小学校令」「中学校令」「帝国大学令」「師範学校令」などの学校令が公布された。森は、学校体育を政策化した最初の人物である。森は、小学校での体育(体操科)を必修化したのだ。

身体教育に関する教科目は、近代学校制度の始まりである「学制」（1872（明治5）年）から、「体術」という教科名で設置されていた。よって身体に対する教育の重要性は認識されていたと考えられるが、その内容は広く周知されていなかった。そこで案出されたのが「業間体操」で、課業と課業の合間に簡単な体操をしたのである[18]。文部省以上に体操を重視していたのは陸軍である。フランス人教師の指導のもと『体操教範』を出版し、集団行動の規律と基礎体力作りのために体操を実施した。これが兵式体操である[19]。

森は兵式体操を重視し、兵式体操によって集団の規律を訓練しようとした。また、中学校、師範学校などで軍事教練を必須とした[20]。

小学校令では、遊戯、軽体操、隊列運動（のちに兵式体操とされる）が体操科の内容とされた。授業時間の多くをこの体操科に割いたのである[21]。さらに、小学校に対して数校連合の集団体操の実施を奨励した。当時、学校の規模は小さく、さら

18　授業としての体操が定着すると、この「業間体操」の時間が今でいう「休み時間」へと変わっていった。

19　今でも集団行動の際に使用されている「気を付け」「前にならえ」などの号令は、幕末の洋式調練で最初に採用されたものが陸軍で使用され、学校に持ち込まれたものである。

20　詰襟、金ボタン、黒サージの学生服は、学校での軍事教練のために陸軍下士官の戦闘服を模して作成された制服が原型である。

21　当時小学校は、尋常小学校、高等小学校に区別されており、義務教育の尋常小学校を卒業して高等小学校に進学した。尋常小学校では毎週6時間（全教授時間数の21%）、高等小学校では毎週5時間（男子の場合、全教授時間数の15%）が割り当てられた。

に体操を行う広場（運動場）を備えていた学校は少なく、近場の空き地などの広場に出向き、数校合同で体操運動を行うことが奨励されたのだ。これが連合運動会のはじまりである。

こうして、軍隊の学校や大学のような高等教育機関で外国人教師の指導のもと行われていた、レクリエーション的性格や競技会的性格を持った運動会が、森有礼の体育政策の影響を受け、まずは近隣の学校が共同で開く連合運動会という方法で小学校へと普及していくことになった。

連合運動会・遠足・修学旅行

広場を見つけて、日時を合わせて近隣の小学校から子供たちが参集し、徒手体操や唱歌行進[22]をおこなった。しかし、それだけでは終わらなかった。各学校が集まってきているので、勢い学校対抗の競争会の趣を帯びていく。特に日清戦争期には、国威発揚、戦意高揚のため、模擬戦的競技も実施されるようになった。騎馬戦、旗拾い、玉入れ、綱引きなどの競技の勝敗に興味が移っていくようになった。また、勝敗が重視されれば、全員参加ではなく運動能力の優れた代表選手による競走なども行われるようになる。こうして、運動会が学校行事として定着していくのである。

22 唱歌を歌うことで、リズムをとって行進した。

さて、子供たちは連合運動会の会場まで一〜三里（約4〜12㎞）の距離を弁当持参で往復した。これが「遠足」である。長距離を歩くことは健脚を養成する手段とされていたので、これも奨励されるものだった。また、春秋の気候がいいときに学校を挙げて遠足に行き、そこで徒競走や相撲などの余興を行った。つまり、当時「遠足」と「運動会」は同じものだったのである。

森有礼の期待した体操（兵式体操）による集団の規律の訓練と、レクリエーション的性格や競技会的性格を持った運動会が結びつき、そこに日清戦争以降の国威発揚、戦意高揚というナショナリズム（国家主義）的空気が注ぎこまれることになった。それは体操やスポーツが学校教育とナショナリズムを結びつける機能を持つようになったことも意味しているといってよいだろう

ところで、森の方策で師範学校に軍事教練（兵式体操）が導入された際、軍隊が行う「行軍旅行」を実施するべきだという意見があった。学校で行う「行軍旅行」は、泊りがけで長い距離を歩き健脚を養成する旅行である。高等師範学校教頭高嶺秀夫は、「行軍」をするにしても軍隊と同一にすべきではない、との考えを持っており、教育的見地から「行軍旅行」に「学術研究」の機能を組み合わせた。これが遠くに（徒歩で）泊りがけで行って、生物や鉱物の採集を行ったり、名所、旧跡を訪ねたりする「修学旅行」のはじまりである[23]。

明治19年以降、運動会は学校行事として定着していく。明治末までは、連合運動会という形式がとられたが、明治末から大正にかけて、運動会が変化する。すなわち、各学校が運動場を整備するようになったのである。1900（明治33）年、第三次小学校令で一時尋常小学校の必修科目から外れた体操科が再び必修科目となる。日清戦争の経験から、より体育の重要性を認識したからである[24]。そして「体操」を実施するために「体操場（運動場）」を全小学校に設備することにした。もちろん、急には無理なので「既設ノ尋常小学校ニシテ体操場ノ設備ナキモノハ明治三十八年三月三十一日迄其設備ヲ猶予ス」と期間を区切って、体操場を必ず設備するようにしたのである[25]。また第三次小学校令以降、将来の義務教育年限の延長を見据えて、徐々に6年制の尋常高等小学校[26]の設立の動きが進行した。高等小学校には体操場は必置しなければならなかったので、尋常高等小学校にも体操場は設備された。さらに、就学率の上昇もあり小学校の規模が拡大する傾向にあった[27]。

23　鉄道の発達によって、遠い距離の移動が徒歩ではなくなり、修学旅行は行軍と分離することになる。ちなみに1900（明治33）年、文部省は「官設鉄道ノ学校生徒乗車賃金割引方」を通知した。学割のはじまりである。これは団体利用、つまり修学旅行での使用を前提としたものであった。

24　「小学校令改正要領」（『公文類聚』第二十四編　明治33年）には、「体育ノ重ンスヘキ理由ニ依リ之ヲ改メテ必修科目ト為ス」とある。

25　高等小学校では、明治19年の小学校令から体操科は必修科目であった。よって、高等小学校には体操場があった。しかし、体操場を持たない尋常小学校もあった。

26　尋常小学校と高等小学校を併置した小学校。

27　1892（明治25）年の小学校の実質的就学率は41.5％だったが、1907（明治40）年には89.6％に上昇している。

小学校に運動場が設備され、そこに通う児童数が増加すれば、場所、人数の点で、わざわざ数校集まって連合運動会を開催する必要性はなくなる。こうして、学校ごとで運動会が開催されるようになったのである。なお、運動会が学校ごとの開催になることで、「遠足」も変化した。連合運動会のために歩いて会場まで行く「遠足」が、遠くまで歩いて行って「学習する」現在の校外学習的な意味を持つ行事へとその位置づけが変化したのである。

運動会と祝祭―共同体

学校ごとで運動会が開催されるようになると、運動会の内容も変容した。遠方まで歩く必要がないので実施時間は長くなる。また必然的に全校児童の参加となる。種目数も増え、バラエティに富むようになった。くわえて、運動会が地域的行事（祝祭）としての意味合いを持つようになったのである。

就学率の向上で、学校が全町村民に関わりのあるものとなった。また、1906（明治39）年の勅令「神社寺院仏堂合併跡地ノ譲渡ニ関スル件」により、神社整理（神社合祀）が行われることになった。これは、神社の数を減らし、残った神社に経費を集中させ神社の威厳を保持することと、そのための財政負担を減らすことが目的だった。つまり各町村の神社を一町村一社にまとめ国家神道体制を確立し、「国家の宗祀」とすることを目指したのだ。

これによって慣れ親しんだ「村の鎮守」が統廃合された。つまり、村のお祭りが変質せざるを得なくなったのだ。さらに、日露戦争後、欧米列強に対抗しうる国内体制を整備するために、多大なる戦費による財政破たんの立て直しや生活や風俗の改良を目標とした地方改良運動が行われた。この運動は町村を「国家のための共同体」とすることを目指したものだった。

このような背景のもと、失われた村のお祭りを補完する行事として（または失われた村の祭りに代わる祝祭として）、また、町村民の共同性（ローカリティ）を確立する行事として学校の運動会が注目されることになったのである。そして町村民の共同性の確立はそのまま国民性（ナショナリティ）の確立へとシフトしていった。

こうして運動会は祝祭性を帯び、校区内の部落対抗や、学年を縦断した紅白対抗の仕組みをとって、子供たち以上にその親たちの熱狂を集めた。学校も親たちの要望を受け入れ、春の農繁期をさけ、収穫を終えた秋の農閑期に運動会の日程を設定した。つまり秋祭りの機能も併せ持つことになったのだ。こうしてみると、もともと豊凶を占う神事であった綱引きが、運動会のメイン種目としてあるのは必然なのである。運動会当日は、親類縁者が集まり、子供やその属する集団の勝敗に一喜一憂した。運動会は共同性の確認の場として機能したのである。

さらに運動会に持ち込まれた国威発揚、戦意高揚の雰囲気は、棒倒しや騎馬戦などの種目に具体化されている。騎馬戦はもともと武士が旗指物を奪い合った競技に起因するが、人が組んだ馬に乗り、帽子や鉢巻きの奪い合い、さらには相手を落とす格闘技へと変化していった。

また運動会を盛り上げる舞台装置のひとつだった万国旗[28]は大正中頃から広まったといわれている。これも運動会の競争性を国家の発展、国際競争での勝利に結びつけるものだったといえよう。

さて、現代の運動会は、子供の身体の発表の場でもあり、わが子が主役になる場でもあろう[29]。地域の祝祭性が薄れたとはいえ、やはり何らかの絆（共同性）を確認する場としても機能している。

高度経済成長期、運動会は町村の連帯を確認する場でもあった。職場の福利厚生として始まった社内運動会も、社内の共同性を確立、確認する機能を果たした。だが１９８０年代をピークに社内運動会は衰退していく。成果主義が広がったからである。しかしまた現在再び社内運動会が復活しているという。成果主義で薄れた社内の絆を強めるためであろう。また、冒頭でふれた幼稚園運動会での「相馬野馬追」競技はローカルなアイデンティティを確認するものだった。

個人主義やＳＮＳでのコミュニケーション、バーチャルな関係性がひろがる現

28　メイ・ポールにヒントを得、さらに軍艦の満艦飾をモデルにしたといわれている。
29　現代の運動会での保護者は、自分の子供のみをビデオ撮影しているので、ホームビデオの中では、勝ち負け関係なく自分の子供が主役となる。

代社会だからこそ、共同性を確立する機能をもつリアルな運動会の力を再認識する必要があるだろう。

【参考文献】

佐藤秀夫：「運動会の考現学」『教育の文化史2　学校の文化』、阿吽社、2005年。
佐藤秀夫：『学校ことはじめ辞典』、小学館、1987年。
松浪稔：「明治期における小学校体操科の内容に関する研究―第3次小学校令（明治33年）を中心にして―」『教育学雑誌』、日本大学教育学会、平成7年。

5. 体罰 ―その起源を探る―

戸塚ヨットスクール事件（1979年―1982年）や、大阪市立桜宮高校事件（2012年）、全日本女子柔道の選手への暴力事件（2013年）など、スポーツ現場において幾度も体罰をはじめとした暴力行為が繰り返されてきた。しかし『体罰の社会史』[30]によると、江戸時代では体罰は少なく、明治以降近代化の中で体罰が濫用され、定着していったという。そこでここでは、スポーツ現場の体罰について考えるために、まず近代日本の学校制度を概観したい。なぜなら日本において近代スポーツの受け皿となったのは学校だったからだ。

体罰と近代教育制度史

明治5（1872）年「学制」が公布されたことで、日本の近代教育制度は始まった[31]。身体に関する教育は、「体術」という教科名で近代教育制度の開始から小学校で教えるべき学科として取り上げられていた。このことから身体教育が重視されていたことがうかがえる。しかし、実際は、「体術」の内容は

30 江森一郎：『体罰の社会史』、新曜社、1989 年。
31 「学制」では小学校は、上等、下等に区別され、下等小学校では、綴字・習字・単語・会話・読本・修身・書牘（とく）・文法・算術・養生法・地学大意・窮理学大意・体術・唱歌の 14 教科が教えられることとされた。

広く認識されていなかった。

明治11（1878）年、日本人に適した体操の研究と体操教員養成のために体操伝習所が設立された。アメリカから外国人教師としてG・A・リーランドが招聘され、日本の学校体育の基礎づくりが進んだ。リーランドの通訳を務め、のちに体操伝習所教師となった坪井玄道は『戸外遊戯法』（明治18年）を著している。この本では、遊戯が小学校児童の体育に重要だとして、盲目鬼（めくらおに）や鬼遊、二人三脚や綱引とともに、フートボール（サッカー）、クロッケー、ローンテニス、ベースボールなどを紹介した。小学校現場においてスポーツ種目が注目されたのである。高等教育機関においても、外国人教師の指導の下、スポーツが行われた。野球は明治6（1873）年に第一大学区第一番中学（開成学校）でホーレス・ウィルソンによって指導されたし[32]、明治11（1878）年には札幌農学校で力芸会（運動会）が開かれた。明治16（1883）年にはストレンジの指導の下、東京大学で陸上競技会が開催されている。こうして近代スポーツはまず学校に定着していく。

明治12（1879）年、「教育令」が新たに出された。これは213章にものぼる「学制」を47条に簡素化したもので、当時の教育の現状に合わせるためであった。この「教育令」の第46条に「凡学校ニ於テハ生徒ニ体罰殴チ或ハ縛スルノ類ヲ加フヘカラス」

32　明治5年という説もある（玉置通夫：「野球渡来の諸説に関する検証」『甲南女子大学研究紀要第49号文学・文化編』、2013年3月）。

と、体罰禁止が法制上明文化された[33]。近代教育制度を日本で確立しようとしている時に、すでに体罰禁止が明文化されているのである。

明治19（1886）年には「教育令」が廃止され、「小学校令」「中学校令」「帝国大学令」「師範大学令」などの学校令が公布された。学校種類ごとに法令を制定したのである。小学校令の施行規則というべき「小学校ノ学科及其程度」において体操科は必修科目とされた。その内容は「体操ハ幼年ノ児童ニハ遊戯稍長シタル児童ニハ軽体操男児ニハ隊列運動ヲ交フ」とされた。前にみたように遊戯には今でいうスポーツも含まれていたと考えられる。また、隊列運動は、のちの兵式体操[34]につながるものである。

明治23（1890）年「小学校令」が改正され（第二次小学校令）、その第一条で初めて小学校の目的が規定された。「小学校ハ児童身体ノ発達ニ留意シテ道徳教育及国民教育ノ基礎並其生活ニ必須ナル普通ノ知識技能ヲ授クルヲ以テ本旨トス」である。この「小学校令」で体操科は必修科目から一時外れることになったが、

33　とはいえこれは、治罪法（刑法）における拷問の廃止（1879年）に合わせたもので、教育の内的必要性から生まれた条項ではない（不平等条約改正のために、日本が近代国家であることを示す必要があった。それ故の拷問の廃止であり、体罰の禁止であった）。法制の近代化措置が教育法令にも影響を与えたのである。そもそも、当時、日本の学校には法令で禁止しなければならないほどの体罰は存在していなかったという（近世の学校である、藩校や寺子屋、私塾などでも体罰はほとんどなかった）。（佐藤秀夫：「学校の文化史からみる教師の行動様式 -「体罰」と「年長者」支配とを中心として -」『日本体育学会大会号』第40回（1989）、p.451、1989年。https://www.jstage.jst.go.jp/article/jspeconf/40B/0/40B_451/_article/-char/ja/　（2019年9月30日確認））
34　陸軍の「歩兵操典」に準じた規律訓練。

小学校の目的の中には児童の身体の発達に留意することが明記されている。また「第六十三条　小学校長及教員ハ児童ニ体罰ヲ加フルコトヲ得ス」と、引き続き体罰禁止の条文が盛り込まれていた。

明治33（1900）年、再び「小学校令」が改正された（第三次小学校令）。尋常小学校の教科目は修身、国語、算術、体操とされ、再び体操科が必修科目となる[35]。体育が重視された結果である。「小学校令施行規則」に示された体操科の内容は遊戯、普通体操、兵式体操（高等小学校男子）であった。また、小学校令第四十七条には「小学校校長及教員ハ教育上必要ト認メタルトキハ児童ニ懲戒ヲ加フルコトヲ得但シ体罰ヲ加フルコトヲ得ス」との条文がある。

さて、この頃、日本は日清戦争、日露戦争の二つの対外戦争を経験した。結果これまで以上に国民体育の振興に力が注がれることになった。つまり日本人の体格の矮小さが問題とされたのである。小さな体格では西洋列強を相手にした国際競争に勝てないのではないか、ということだ。

また明治37（1904）年10月、文部省は、体操遊戯取調委員会を設置し、学校体操の再検討を行った。教育現場において体操教授の内容に混乱が生じるようになったからである。翌38年11月には「体操遊戯取調報告」が文部大臣宛に提出

35　以後現在に至るまで、小学校教育において体操科の流れをくむ教科は、常に必修科目として位置づけられることになる。

され、明治39年1月に官報に掲載された。この報告書は、体操科の目的として以下の8項目を挙げている。

一　身体ノ動静ヲ問ハス常ニ自然ノ優美ナル姿勢ヲ保タシムルコト

一　身体ノ各部ヲ均斉ニ発達セシムルコト

一　全身ノ健康ヲ保護増進スルコト

一　四肢ノ使用ニ際シテ強壮、耐久、機敏ヲ期スルコト

一　生涯中最モ多ク遭遇スヘキ運動特ニ職業及兵役ノ義務ニ服スルニ適スヘキ練習ヲ与フルコト

一　精神ノ快活従順、果断、沈着、勇気ヲ増進セシムルコト

附リ注意、観察、思考、断定、想像、忍耐等ヲ増進セシムルコト

一　意思ヲ敏速且精密ニ実行シ得ヘカラシムルコト

一　規律ヲ守リ協同ヲ尚フノ習慣ヲ養フコト

ここに「兵役ノ義務ニ服スルニ適スヘキ練習ヲ与フルコト」とある。つまり、体操科が兵役のための予備教育であることが明文化されているのだ。この報告書の解説書である『体育之理論及実際』では、「兵式教練ヲ課スル目的ハ、他日兵役ニ服スル際ニ基礎タルベキ練習ヲ与フルニ在ルが故ニ、教育者ハ善ク此ノ意ヲ体シ、漫ニ生徒ヲ兵卒視シ、学校ヲ以テ直チニ

軍隊ト同一タラシメントスルガ如キ弊ニ陥ルコトナク、漸次ニ軍ノ精神タル規律服従ニ慣レシメ、終ニ能ク正確ニ兵士ノ動作ヲナシ得ルニ至ラシムベシ[36]」と述べている。つまり学校で行う兵式教練の目的を兵役に服するための予備訓練としているが、学校で行う兵式教練はあくまで予備教育であり、学校を軍隊と同一視しないことを求めている。とはいえ学校において、軍隊の精神である規律服従の精神を教授することが期待されていたのである。

さらにこの報告書では、運動遊戯についても「運動遊戯ノ目的ハ児童ノ活動的衝動ヲ満足セシメ運動ノ自由ト快感トニ由リテ体操科ノ目的ヲ達シ特ニ個性及自治心ノ発達ニ資スルニアリ」と、遊戯の有効性を明らかにしている。そして、フートボール（サッカー）やベースボール、ローンテニスなど具体的な種目名を挙げて奨励している。こうしてさらにスポーツが学校に定着していくことになった。

大正2（1913）年には「学校体操教授要目」が制定され、法令として学校で行うべき体操や遊戯が具体的に示された。小学校に適した遊戯としてバスケットボールやフットボールなどが示されている。

だれが体操を教えたのか？

36　井口あくり・可児徳・川瀬元九郎・高島平三郎・坪井玄道：『体育之理論及実際』、国光社、明治39年、p. 26。

では、だれが体操を教授したのか。もちろん体操教師である。学校令で兵式体操が導入されたが、高等師範学校でその指導にあたったのは軍人であった。さらに、体操教員の検定制度でも兵式体操については退役下士官に優遇措置があった。また、明治期の体操教員養成の中心となった日本体育会体操学校[37]卒業生の中には、軍隊経験者が多くいた。結果、体操教員の多くを退役下士官が担っていたのである[38]。

くわえて大正6（1917）年、臨時教育会議は「兵式体操振興」を建議し、さらに、大正14（1925）年には「教練教授要目」が制定され「陸軍現役将校学校配属令」が公布された。中学校や師範学校で、軍事教練が陸軍の直接指導となったのである。これによって現役の軍人が学校に配属されることになった[39]。

ここまでを簡単にまとめてみたい。近代学校制度のはじめから「体術」ついで「体操」と名称を変えてはいたが、身体に関する教科目が重視されていた。学校現場においてスポーツも「体操」の内容とされていたし、運動会などの活動も行われていた。体罰については明治12年以来法令でも禁止されていた。二つの対外戦争を経験することで、学校現場においても、より軍隊的な体操の授

37 現日本体育大学。
38 木下秀明：『兵式体操と軍と教育』、杏林書院、昭和57年、p.200。
39 第一次世界大戦後の国際情勢は軍縮に向かい、日本も軍備の縮小を行った。結果、軍縮による兵力の低下を補うために、学校教練の充実が求められた。

業が要求されるようになった。そして、第一次世界大戦後には、学校に現役軍人が配属され、軍事教練が実施されるようになったのである。

さて、近代的な学校制度を整備し、全国民を対象として低予算で効率良く教育を行うためには、どうしても集団的な教授の形態をとる。その中ではみ出た人間には懲戒を加える必要が発生する。規律が守られないからだ。集団的な統制や規律が近代公教育に不可欠であったこの時期には、その統制のモデルは軍隊に求められた。つまり、軍隊の集団規律がそのまま学校に持ち込まれた。軍隊でも学校でも規律維持が必要だったのだ。軍隊では、刑罰による脅しとともに、日常的な厳しい訓練によっても絶対服従が日常的な習慣になるまで強要された。軍隊にとって、上官への服従は必須条件だったからだ。この服従が習慣化するまで徹底的に行われたのが、兵営生活（内務）であった。内務班では、新兵の躾教育が行われた。しごきと私的制裁が行われることもあった。これが、兵式体操を教える軍隊経験者の体操教師や教練を指導する現役軍人らによって学校に持ち込まれることになったのである。つまり、スポーツと体罰がもともと結びついていたわけではなく、軍隊における体罰文化が学校に持ち込まれたのである。スポーツも、軍隊教育に近い兵式体操も、学校の「体操科」の授業内容であった。結果、スポーツも体罰文化に親和していくことになったといえるのではないだろうか。

こうして、指導者が学生、生徒に指導という名の暴力を加える土壌が醸成されたといえるだろう。

「先輩・後輩」関係の誕生

くわえて、もうひとつの視点も忘れてはならない。先輩から後輩への暴力である。これも、近代教育制度の定着過程で生まれたものである。学校での「先輩・後輩」関係は、年齢の違いを理由にした絶対的な「支配—被支配」関係である。年長者優位、年功序列的人間関係は儒教のモラルであり日本においても強調されてきた。しかし元来「先輩」「後輩」という言葉は、仲間内の先後関係を示すものであった。つまり学閥や職場などのある種の共通部分を持つ人間関係があってのものである。だから身分制秩序が強固だった幕藩体制下の日本社会では、儒教モラルの年長者優位は、家族や同一身分層の間にのみ有効であって、身分制を超越するものではなかった。「先輩・後輩」関係が発達しにくい社会だったのである。

　しかし近代学校制度は、身分・階層の別を問わなかった。だから学校に通う子供の間に「学校」という共通空間を経験する時間の先後関係を基とした「先輩・後輩」関係が生まれたのだろう。とはいえ、この「先輩・後輩」関係が成立するのは、学年差＝年齢差となった大正後期といわれている。なぜなら、近代学校制度が発足した最初は能力別で学級が編成されていたからだ。能力別編成の学級では多様な年齢の児童生徒が混在することになる。だから当初は、年齢が大幅に違っても同級生の場合があった。しかし小学校教育の底上げが進み、就学率があがると、学級内の年齢差は小さくなる。そして中学校が大衆化し、ほぼ年齢差が学年差をあらわすようになるのが大正後期だったのである。

「先輩・後輩」と「支配―被支配」関係

年齢差が学年差になっても「先輩・後輩」という「支配―被支配」関係が自然に生じるわけではない。支配の構造が成立するためには、そのほかの要因が影響したと考えられる。

そのひとつは、やはり軍隊モデルの導入である。大日本帝国軍隊においては大元帥である天皇の下、厳格な階級制が採用されていた。かつての身分制はそこにはないが、身分差に代わって階級差が強調された。また、同一階級内では、年齢差によって先後関係を明白にし、統率した。繰り返すが、学校での集団教育では規律を遵守することが重要であった。そこで兵式体操や軍事教練を通じてこの軍隊モデルが学校に持ち込まれた。教師は将校、生徒は下士官・兵士に置き換えられたのだが、そこに学年制が持ち込まれ、上級生に下士官や古参兵の行う教育的役割が期待され、下級生は新兵として上級生の指導に従ったのである。

また、当初の中学校はその数が少なかったこともあり、寄宿舎生の比率が高かった。近くに中学校があるわけではなく、通学のために自宅を離れる必要があったからである。寄宿舎内でも、家父長制に倣い上級生が下級生を指導した。上級生によって寄宿舎生活が管理されたのである。これは、兵営生活（内務）に通じるものがある。

さらに、この年長者支配は、学校の管理の上でも都合がよかった。教師が直接生徒に対峙するのではなく、生徒に生徒を管理させることできたからだ。教員や学校に対する不満が集まるのを予防する手立てでもあった。上級生による下級生支配により、学校の自治が完成する。しかしそのためには、上級生を学校、教師側に引き留めておかなくてはならない。さもないと上級生の統率の下、学校、教師に反乱を起こしかねないからだ。そこで上級生に対しては校則違反、服装違反を大目にみるということもあるし、下級生に対する私的制裁にも目をつぶるのである。この点でも軍隊との類似性がみられる。

軍隊内では暴力制裁が行われていたが、建前上は軍隊内部での「私的制裁」は厳禁だった。将校が下の階級の者に暴力制裁をふるうことは実際には少なかった。将校たちは直接手を下すことなく下士官や古参兵の行う行為を見て見ぬふりするのである。こうして将校は「権威」を保持し「責任」を回避するのだ。

軍隊式秩序の導入、寄宿舎による生活管理、そして上級生による支配。これらは学校管理の上で大変都合がよかった。そしてそれは生徒の「自治」のもと推進されたのである[40]。

日本では、近代学校制度開始以降、学校現場での集団秩序の維持のために、軍隊の集団秩序維持の方法、つまり体罰が、体操教師らによって持ち込まれた。そして兵式体操の奨励は軍隊式秩序維持のモデルを補完したといえるだろう。また、学校管理の上でも、この軍隊モデルは「先輩・後輩」関係という「支配―被支配」関係を担保し、大変有効に機能したのである。このようにみると、近代化の過程で、日本がそれまでに経験しなかった集団の秩序を維持する方法として、体罰の有効性が暗黙のうちに認められてきたということであろう。

現代社会におけるスポーツ現場などでの体罰も、上記の系譜を継ぐものと考えられる。教育現場でも、スポーツの現場でも、年齢差などの先後関係によって「支配―被支配」の関係が生み出される制度が今も継続されている。

では、いま、体罰を根絶するためには何が必要だろうか。その起源を確認したうえでは、教室での集団教授、年齢段階＝発達段階を前提とした近代学校制度そのものを問い直す必要があるといえるのではないか[41]。これまでと違った教育や指導のシステムや思想の構築が求められるだろう。

【参考文献】

40　佐藤秀夫：「「先輩」支配の歴史と構造」『教育の文化史２　学校の文化』、阿吽社、2005 年、pp.129-148。

41　すでに学校現場では気付いていることかもしれない。いじめなども、体罰同様の土壌の下に生み出されるものだからだ。

岸野雄三・竹之下休蔵：『近代日本学校体育史』、日本図書センター、昭和58年。
松浪稔：「体罰の起源を探る」、井上邦子・松浪稔・竹村匡弥・瀧元誠樹編著：『スポーツ学の射程』、黎明書房、2015年。

6．スポーツとテロリズム　―なぜスポーツがテロリズムの標的になるのか―

テロリズムとは何か

２０１３年４月15日。アメリカ、ボストンで開催されていたボストンマラソンのレース中、ゴール付近で二度の爆発があり３人が死亡、２８２人が負傷するテロ事件が発生した。スポーツの現場でテロが行われたのだ。

テロとは、テロル（terror）またはテロリズム（terrorism）の略である。テロリズムは、何らかの政治目的を実現するために、暗殺、暴行、破壊活動など直接的な暴力やその脅威に訴える主義、およびそれに基づく暴力の行使を指す。また、恐怖によって敵対者を威嚇することをテロル（terror）という。

スポーツイベントとテロ

スポーツがテロの脅威にさらされたのは、ボストンマラソンが初めてではない。オリンピックやワールドカップなど国際的なスポーツイベントはテロのターゲットである。以下にスポーツイベントがターゲットにされたと考えられる主なテロ事件をあげてみたい。

◎１９７２年ミュンヘンオリンピックでは、パレスチナの過激派組織「ブラックセプテンバー」のメンバーがオリンピック選手村に侵入し、イスラエル選手団2人を殺害、9人を人質にとるテロ事件が起きた。テロリストはイスラエルに収監されているパレスチナ人234人の解放を要求した。結局この事件は人質全員死亡、8人のテロリストのうち5人が死亡、3人が逮捕され幕を閉じた。オリンピックやスポーツがテロの脅威にさらされた最初の事件といってよい。

◎1986年9月、韓国、金浦空港で爆発がおき、死者5人、負傷者31人がでる惨事となった。韓国ではアジア競技大会開幕を6日後に控えており、多くのアスリートや役員など関係者が空港を利用していた。アジア大会をターゲットとしたテロで、北朝鮮の犯行だとの見方が有力だった。

◎1987年11月、大韓航空機が爆破され、乗客乗員115人が死亡する事件が起こった（大韓航空機爆破事件）。このテロ行為を行ったのは北朝鮮の工作員で、翌88年のソウルオリンピックを妨害するためだった。

◎1996年6月、UEFA欧州選手権開催中のイギリス、マンチェスターの中心街でトラックに仕掛けられた爆薬が爆発し、およそ200人が負傷した。IRA[42]（アイルランド共和軍）による犯行である。テロの翌日にはマンチェスター・ユナイテッドのホームスタジアムであるオールド・トラッフォードでドイツ対ロシアの試合

42 全アイルランドの統一を目指す武装組織。

が予定されていた。また、マンチェスターは2002年のコモンウェルスゲームズ[43]の開催地にも決定していた。
◎1996年7月、アトランタオリンピック開催中に、アトランタ市内のオリンピック100周年記念公園の屋外コンサート会場で爆発があり、2人が死亡、100人以上が負傷する事件が起こった。ミュンヘン大会以来のオリンピックでのテロである。以降、オリンピックは常にテロ対策を重視することになる。2012年のロンドンオリンピックでは、競技場脇やマンションの屋上に対空ミサイルが配備され、ものものしい警備の中で行われた。
◎1998年サッカーワールドカップフランス大会ではアルジェリアのイスラム原理主義テロ組織GIA（武装イスラムグループ）が、爆弾テロを計画していることが発覚し、7人が逮捕された。また、開会式の一ヶ月前に、パリのフランステレコムの施設で爆弾が発見された。さらにスタジアムでの爆弾テロを計画していたGIAメンバーがヨーロッパ各地で約80人逮捕された。
◎2002年5月、スペイン、マドリードのサンティアゴ・ベルナベウスタジアム付近で、車二台に仕掛けられた爆弾が相次いで爆発、17人が負傷した。ETA[44]（バスク祖国と自由）の犯行だとみられている。欧州チャンピオンズリー

43　コモンウェルスゲームズ (Commonwealth Games) は、イギリス連邦に属する53の国や地域が参加して4年ごとに開催される総合競技大会。
44　バスク地方の分離独立を目指す民族組織。

グ準決勝のレアル・マドリード対バルセロナ試合開始数時間前のことだった。
◎２００４年５月、アテネオリンピック開会１００日前に、アテネにある警察署付近で爆弾三個が爆発。アテネオリンピックを狙った爆弾事件は複数回にのぼっている。
◎２００４年12月、レアル・マドリードのホームであるサンティアゴ・ベルナベウスタジアムに爆弾を仕掛けたとの電話がＥＴＡを名乗る人物からバスク地方の新聞社にあり、対レアル・ソシエダ戦の観客約７万人と選手らが避難、試合は終了直前に打ち切られた。爆弾は発見されなかった。
◎２００８年４月、スリランカ、コロンボ郊外で旧正月を祝うマラソン大会のスタート時に自爆テロがあり、高速開発相を含む15人が死亡、１００人以上が負傷した。タミル人独立を掲げる反政府武装組織「タミル・イーラム解放のトラ」（ＬＴＴＥ）の犯行といわれている。道路開発相はＬＴＴＥ批判の急先鋒でもあった。
◎２００９年３月、試合の為にパキスタンを訪れていたクリケットのスリランカ代表チームを乗せたバスが、スタジアムに向かう途中、12人からなる武装集団の襲撃を受けた。警察官６人死亡、一般市民２人死亡、選手６人が負傷した。警官隊との銃撃戦は25分続いたが、テロリストは全員逃走した。スポーツの国家代表チームがテロ攻撃を受けたのはミュンヘンオリンピック以来である。

◎2010年7月、ウガンダの首都カンパラのレストランやスポーツバーなどで、同時自爆テロがあった。この爆発で、サッカーワールドカップ南アフリカ大会の決勝オランダ対スペイン戦を観戦していた客70人以上が死亡した。ソマリアの反政府軍勢力、アルシャバブの犯行である。ソマリア暫定政府を支援するアフリカ連合（AU）部隊に、ウガンダ軍が参加していることへの報復だという。

◎2015年11月13日、フランス・パリで、フランス大統領やドイツ外相が観戦していたサッカーのフランス対ドイツ戦開催中に同時多発テロ事件が起こった。スタジアム（スタッド・ド・フランス）の入り口付近や近隣のファストフード店で爆弾とみられる爆発音が3回響き、実行犯とみられる人物が自爆テロで4人死亡、1人が巻き込まれて死亡した。実行犯の一部は、競技場への入場を試みたといわれている。

なぜ、スポーツイベントがテロのターゲットになるのか

ミュンヘンオリンピックのテロ以降、選手、役員に対するセキュリティは強化されたため、テロは選手よりも、関連施設や、公共施設などをターゲットにする傾向があるようだ。

スポーツがテロのターゲットになるのは、スポーツが人を集める力を持っているからであり、人々の注目を集めるからである。スポーツにテロ攻撃をすることで、テロ組織は世界的

に注目を浴び、政治的主張などを広く強く訴えることができる。テロ組織にとって効果的な売名行為なのだ。

現在、メディアによってスポーツが過剰に露出されているといってもいいだろう。人々の注目を集めるから、メディアはスポーツを取り上げる。メディアがスポーツを取り上げれば、より多くの人々の注目を集めることになる[45]。多くの人々の注目を集めるので、スポンサーがつく。広告効果が望めるからだ。つまりお金が動く。お金が動くからメディアはさらにスポーツを取り上げる。スポーツがメディアに取り上げられることは経済活動として定着しているばかりか、スポーツ自体が、ビッグマネーが動くマーケットであるといっていい。この巨大なマーケットを維持するためには、人々の注目をより集めなくてはならない。だからスポーツは常に勝利が求められ（勝利至上主義）、かつ勝利を失っても注目が続くように過剰にエンターテイメント性が付け加えられているのである。こうして、人々の興味を惹き付け続けるスポーツは、肥大化すればするほど、テロの脅威にさらされることになる。結果、現代社会において、テロ対策抜きにスポーツイベントを開催することは不可能になってしまった。いまやスポーツは、国際政治や紛争とは無関係でいられないのだ。

45　一方で、メディアに取り上げられることのないスポーツは、マイナースポーツとなり、このサイクルから排除され、注目を集めることも、お金を集めることもできず廃れていくことになる。

テロリズムという、暴力で自らの主義主張を訴えることは認められることではない。自らの主義主張のために、多くの命を巻き込み、犠牲にすることは許せない。

しかし、ここで考えなくてはならない。世界には、テロリズムという行為でしか自らの主義主張を訴えることが出来ない人々が存在するということを。

オリンピックやワールドカップなどの巨大スポーツイベントは、近代以降、ヨーロッパ、アメリカを中心とし、資本主義の論理のなかで肥大化してきた。そして「9・11」以降、この西洋の論理に与するものと、そうでないものに、世界は分断された。西洋の論理に敵対する者や勢力は、テロリストと名付けられ、無条件で西洋社会（アメリカ）によって殲滅される対象となったのである。力あるものがそれ以外を排除（搾取）する社会が、今も進行しているのである。そこで生み出されるのは、圧倒的な格差である。

現代スポーツも人々の格差をあらわにする。そこでは持つもの（力のある国）が勝ち、そうでないものは敗者となるしかない。つまり、スポーツこそが勝者と敗者という二項対立を象徴的に示しているのである。それは、現在の国際情勢、国際政治をそのまま映し出しているのだ。

スポーツからテロを排除するためには、世界が変わらなくてはならない。つまり、テロという手段でしか主張できない人々をなくすしかない。しかし、現代スポーツがそのような人々を生み出すことに加担してきたことも事実である。これを忘れて、スポーツからテロを撲滅することは不可能だろう。

7. 伝統スポーツ ―「スポーツ」を広くとらえるために―

伝統スポーツと近代スポーツ

伝統スポーツは一般的に近代ヨーロッパ発祥のスポーツである「近代スポーツ」との対概念として理解されることが多い。近代スポーツとは合理的発想をもとにルールや組織が整えられ、国家や文化、宗教、言語などを超えて競技が行われる特徴がある。それら近代スポーツは主にオリンピック種目や競技スポーツとして成立しているものも多く、現在世界中に伝播しているといっても過言ではない。

一方伝統スポーツとは、その多くが国際的な共通ルールをもたず、一部の地域や文化のみで伝承され、独自の価値観（信仰や世界観など）が反映されているのが特徴である。たとえば、メキシコのトラチトリと呼ばれる腰でボールを打つスポーツや、中央アジア（アフガニスタンなど）で羊のはく製をボールとして行われるいわゆる騎馬ラグビーのブズカシ、スペインの闘牛、エチオピアの棒を使った格闘技（スティックファイティング）、日本の蹴鞠などがそれにあたる。

スポーツにはこのような広がりがあるにも関わらず、我々が「スポーツ」といえば、まず近代スポーツの方を思い浮かべるだろう。野球、バスケットボール、サッカー、陸上競技、器械体操、競泳などの近代スポーツに幼いころから我々は慣れ親しんできている。学校体育も日本の伝統スポーツの蹴鞠を教えるのではなく、あくまでサッカーを教材とする。メディアも同様だ。スポーツ新聞、ニュースのスポーツコーナーにはオリンピック競技、プロ野球、Jリーグの報道を中心に、近代スポーツのオンパレードである。蹴鞠や流鏑馬などが各地で行われた際、それを文化面で取り上げたとしても、「スポーツ」コーナーにおいて報道されることはほとんど皆無に等しい。

確かに近代スポーツとよばれる競技は楽しく、人を夢中にさせる魅力がある。世界共通ルールのおかげで、周囲の仲間だけでなく世界中の人々と競技を通じてつながることも可能である。ただ、あまりにも近代スポーツが我々の「スポーツ」全てを覆い尽くしてしまっている感は否めない。このような現状では、無意識のうちに、「スポーツ＝近代スポーツ」と認識され、近代スポーツ的思考の隘路から抜け出せなくなってしまう懸念がある。我々にとってスポーツとは何か――それを知るために、狭い「スポーツ」概念（すなわち「近代スポーツ」の概念）の隘路から脱し、スポーツを広くとらえてみよう。

モンゴル相撲の稽古にまつわる考え方

スポーツを広くとらえ直す役割を担うひとつに、伝統スポーツが挙げられる。伝統スポーツがもつ世界観を知ることにより、我々がスポーツに関して自明だと考えていたことが、実は「近代」スポーツの思考の範囲であり、それに疑問を差し挟むことすらしなかったことに気づくことがあるかもしれない。たとえば、このような事例の場合はどうだろう？

２００７年当時横綱だった朝青龍が、足や腰の怪我を理由に夏巡業を休場した。しかし、その後、夏巡業中にモンゴルのウランバートルに里帰りしていたことが発覚し、しかもそこでサッカーをしていた姿が報道された。そもそも朝青龍は稽古を好まない力士として取りざたされてきた。そこにきて、巡業を休場したにも関わらずサッカーをしていたことが分かると、日本のメディアはこぞって朝青龍の仮病を疑い一連の行動への批判を繰り返し、日本相撲協会は朝青龍に対し謹慎処分を言い渡したことがあった。

我々はスポーツの技術を磨く際、一日も欠かさず勤勉にトレーニングを積み重ねる努力を尊ぶ。時には、結果よりもその過程を重要視するくらいである。とくに教育の場面では身心ともに鍛え、昨日よりも今日、今日よりも明日の上昇のために、コツコツと努力を積み重ねることを目指している。常に「選手」や「力士」である固定化した〈わたし〉が求められ、一流の選手であればあるほど他の競技、他の興味にうつつをぬかすことは、「不真面目」な行為として戒められる。朝青龍の一連の報道もこうした考え方が背景にあるものと考えられないだろうか。「怪我で休場をしているとはいえ、いや、だからこそ、「力士」として休場期間を治療に専念すべきである。今、できるのは治療という名の稽古なのだから……」と。

ここで誤解をさけるために言っておこう。もちろん、スポーツ選手が日々の努力を重要視することに異論はない。特に大相撲となればそうだろう。日々、努力を積み重ねる姿は尊ばれるべきであるとも思う。ただ、「勤勉さ」や「努力」（もしくは「○○競技の日本代表選手」や「横綱」など単一の「役割」を固定化させること）が唯一の価値であり、世界共通の「正義」なのか。それを人に強制することはゆるされるのか？ スポーツする身体は、それさえすれば事足りるほど単純なものなのだろうか？

モンゴル国はよく知られているように、相撲が伝統スポーツとして盛んに行われている地域である。朝青龍も少年時代にモンゴル相撲の少年の部で優勝している。日本の相撲とは異なり土俵はなく、パンツとベスト、ブーツなどを着用して相撲を行う。いわゆる「立ち合い」はなく、手のひらと足の裏以外が地面につけば負けとなる。しかし、日本の相撲と異なるのは、服装やルールだけではない。力士としての身体の作り上げ方も異なるのだ。

モンゴルの力士は、筆者が現地調査した限り、力は自然が与えてくれるものでもあると考えている。「鳥の羽ばたき」を模した舞を行ってからしか力士は稽古や取組を行わない。またザソールと呼ばれる介添え役の即興詩人に詩を吟じてもらう。詩はその力士がいかに素晴らしく立派な力士かが即興で吟じられ、それにあわせて力士は舞を披露する。そうした一連の所作をすることで「自然」から力を受け取り、力士としての力が得られる。自らの身体を「自然」に向かって解き放ち、開放することが力を得るために必要なことだと考えられているようである。自己完結した「自己＝主体」の上に筋力や瞬発力を上乗せしていく――これが近代的身体観を基盤とした近代スポーツにおける身体観であるだろうが――という身体観にはない。

伝統スポーツからの視点

モンゴル相撲のこうした身体観は、モンゴルにおける競馬や弓射にも浸透している。競走馬も射手もレースや試合の数週間から一ヶ月ほど前からしか専門的なトレーニングを行わない。モンゴルの伝統スポーツの中での考え方によれば、常にトレーニングを積むという想定におそらくないのではないかと考えられる。相撲をとる直前に力士としての身体を呼び覚まし、その時期（相撲の場合主に7月）にだけ力士として力を発揮する。それをモンゴルの人々が練習嫌いの不真面目だから……と理由づけるとすれば、それは近代合理主義的な偏狭な考え方になってしまう。彼らには牧畜作業に基づいた一年のサイクルがあり、その家畜と自然が形作る暦のなかに人間の暮らしが当てはめられ、相撲の文化が定位している。また、そうした自然のサイクルの中で豊かに過ごすことこそ、（とくに相撲の技術だけを強化しなくても）力士として強くなることだと考えられているようである。

　こうしてみてみると、モンゴルでは力士の身体を、単純にトレーニングをする対象とだけ考えているのではなさそうである。朝青龍の例で考えても、リラックスして身体を動かす程度のサッカーをすることは、身体を故郷の自然の中で開放し、自然から力を受け取ることで、最高の治療になると考えた可能性も否定できない。モンゴルでは、何よりも草原から力がもらえるのだから……。

　稽古は何よりも勤勉の証であり、それを怠れば非難されてもやむを得ないと我々は考える。しかし、それはともすると固定化された自己に裏打ちされた近代的主体を前提とした考え方かもしれない。それに比べモンゴル伝統スポーツにおいては、自己完結した主体ではなく、自然に対し常に膀かれた生き生きとした身体があるのではないだろうか。

　我々のように、近代スポーツにどっぷりと支配された中にいると、近代的論理だけが「正義」だと思い込み、批判を繰り返してしまう。しかし文化のなかの身体のあり方は、地域や時代によって実に様々な価値観をもって多様に形作られてきた。我々は単純な価値観で閉じこもっていないか？　現代のスポーツは知らず知らずのうちに、おかしな方向にむかってはいないか？　それこそが伝統スポーツが教えてくれることである。

8．ダンス　―なぜ人は踊るのだろう？―

踊らずにはいられない

20世紀末ごろから始まった「レイブ」と呼ばれるダンスイベントが話題になっている。イギリスではじまったとされるこのイベントは、屋外でトランス音楽をかけ一晩中、ときには2～3日昼夜を通し、集団で踊り明かすというものだ。室内の「クラブ」で踊るよりよほど規模が大きい。その多くは口コミだけでイベントが開かれ、いずれも無料で一回性が原則だという。場所は海浜や山、公園など自然豊かな田舎が多いようで、好きなように身体を動かし、快感だけに忠実に踊ればよいとされている。今世紀になり世界中に広がりをみせ、社会現象といわれるようになっている。

フラッシュ・モブという言葉も市民権を得つつある。インターネットなどの呼びかけに応じた人々が、公共の場に集まり突如としてパフォーマンスを繰り広げ、歩行者を驚かすというものである。駅で街頭で広場で結婚式場で、時には楽器演奏、時にはダンスなど、歩行者を装い集まった人々が突如として始めるパフォーマンスの光景はインパクト大である。

しかし……ダンスって人にとって何なんだろう？――ダンスは人の歴史とともにあったといわれている。やっと立ち上がったくらいの赤ん坊をみればそれが分かるだろう。言葉も話せない幼子が、音楽が流れてきたとたんに身体でリズムを刻み、なんとも楽しそうにはしゃぐではないか。リズムが流れてくれば、自然と身体が動く。人は言葉より先に踊ることを身体に刻んで生まれてくるのかもしれない。

それに、日本最古の歴史書とも言われる『古事記』にもアメノウズメノミコトが踊る姿が記されていることもよく知られているだろう。太陽の女神アマテラスオオミカミが天の石屋戸に隠れてしまい、世の中が真っ暗になり人々が困ったとき、アメノウズメノミコトが身体も露わに激しく舞ったことにより、無事アマテラスオオミカミを石屋戸から出すことができたとそこには記されている。舞うことが太古の昔から重要な場面において行われていたことがわかる。

またダンスは歴史的に古いだけではない。世界中に踊らない民族はないともいわれている。文字をもたない民族や格闘技を伝承しない民族がいたとしても、ダンスのない文化はないようだ。世界中の様々な文化の人々が舞い踊る。太古の昔からあらゆる民族が、嬉しいにつけ悲しいにつけ、喜怒哀楽を舞い踊って「生」を表現してきた。また人の力ではどうしようもできない不安や困難にあったときも、人は踊って祈ることを行ってきた。ダンスは常に「人が生きる」ことと共にあったといえるだろう。

交信するからだ

ではなぜ人は踊るのだろう？　ここでモンゴル相撲の例を取り上げて考えてみたい。モンゴル相撲において、本番の試合であろうが練習であろうが、これをやらなければ相撲を始めないという「しきたり」がある。それは「舞う」ことである。モンゴル相撲では、試合前にまず、ザソールと呼ばれる介添え人が力士の特徴を即興詩にし、それに節をつけて吟じる。その詩に合わせて、力士は大きく両手を広げて鳥がはばたく所作をしながら、舞を披露する。その舞によって、周囲の自然から力を受け、「何ともいえない良い気持ちになる」のだという。力士は、練習の時であったとしても、この舞をしないと相撲を始めない。それほど、力士にとって重要なしきたりなのである。

力士にとってこの舞は、自分の内にある「生の力」を生き生きと高ぶらせるものであるのだろう。さらにいうなら、即興詩に込められた力や、故郷の山や地や風などの「母なる自然」（モンゴルではよく力士が使う言葉）の力を自らに取り込むために、自分を開放する術でもある。自分が閉じられていては、大きな力を呼び込むことはできない。自分を開放する（劈く）ことによって、呪力ともいうべき人知を超えた大自然の力を呼び込み、自分を超えた存在になっていく。その過程が舞うということだといえるだろう。

その究極の例がシャーマンと呼ばれる占い師の舞なのかもしれない。モンゴルにおいてもシャーマンは太鼓などの楽器を使い、舞い踊りながらトランス状態になり、祖先の霊を自らの身体に憑依させていく。そのときシャーマンは、もはや自分の個人の身体を放棄して、この世には存在しない祖先の人物や精霊と一体となって占いをしたり、村人の病気の治療を行ったりする。沖縄のユタと呼ばれるシャーマンや、中国やロシアのシャーマンなども、踊りによってトランス状態になる。同様の事例は世界中広くみられることである。

このようにみてみると、ダンスは人を始原の姿に立ち返らせるようでもある。普段、日常生活を送る人間は、理性的に行動することを求められ、自分の言いたいことも身体の奥にしまいこみ、時には緊張で身体が固まってしまうこともあるだろう。身体で感じることなく、頭だけで考えて言動することが常に求められているのである。しかし「踊る」ことは、そんな観念でがちがちに固まった身体を開放し、普段の理性的な自分を超えて、自分が自分でないような状態――命そのものであるような原初的なむき出しの〈わたし〉――をあらわにするのである。だからシャーマンは（特殊な能力を元々もっているとはいえ）ダンスをすることで、「生死の境」のようなものも軽々と越えていき、霊的なものと交信できるような力を得ているのかもしれない。

生きることと踊ること

そんなむき出しの人間同士だからこそ、人と真につながりあうこともできるのだろう。ダンスが人と人を結びつける役割をするのは、そのためだと思われる。ニュージーランドのマオリの人々は、本来戦闘の前に「ハカ」と呼ばれるダンスを踊っていた。手を叩き、足を踏み鳴らすことで士気を高め、一体感を生み出す。同じハカを踊る人たちの躍動する身体を感じ取り、それに応じて自分の身体を躍動させていく。それがまた周囲に伝わり、言葉にはならない（言葉以前の）身体同士の会話によって、ますますダンスが盛り上がりをみせてくる。ダンスはこうして共に踊る人たち同士で共振性を生み出すことがよくわかる。ダンスによって、人が一体となる瞬間がここにあるだろう。

このマオリの人々のダンスは、のちにラグビー・ニュージーランド代表チームに受け継がれる。国際試合の前に、代表チームがこのダンスを踊っているのを映像などで見たことがある人もいるのではないだろうか。両足を大きく開き腰を落として、両目に闘志をみなぎらせ、太ももや胸を叩きながら、こんな決まった文言を叫ぶ（歌う?）。「私は死ぬ！　私は死ぬ！　私は生きる！　私は生きる！……。」なんと、迫力みなぎる、生々しい命のむき出しであろうか。この踊りを見る限り、相手チームに戦わずしてすでに勝っているかのようである。そう、この「ハカ」をマオリの人たちは戦闘相手への威嚇として踊っていたということもうなずける。命そのもののような原初的な身体同士が共振し、一体となって、ものすごい迫力で迫ってくる。戦わずして勝っているような身体の使い方……。これは人が生き延びる最善の方法でもあるだろう。

人が踊るということは一体どういうことなのか？　人はダンスによって命そのものを表現している。それによって身体を開放して個人の身体を超えて（放棄して）、自分であって自分でないようなものになっていくのかもしれない。そうしたむき出しの命そのものの身体は、人と真の意味でつながり、共振性を生むのだろう。人は一人で生きることはできず、人と共にしか生きられないのであれば、ダンスはそうした意味で「生きる」ことと同義であるだろう。言葉以前に共に感じあう身体のありかた。それは究極の身体のつかいかたでもあり、人間が生き延びる術でもある。それが「踊る」ということなのかもしれない。

コラム⑥：「ナンバ」考　─「ナンバ」はなかった？─

「ナンバ」という歩き方を知っているだろうか？「ナンバ」とは「右手と右足、左手と左足とが、それぞれ同時に前に出るような歩行の仕方」（『広辞苑』）と理解されることが一般的である[46]。運動会の入場行進などで、緊張のあまり右手と右足が同時に出て笑われた経験のある人もいるかもしれない。この「ナンバ」歩きは、明治以前の日本人の歩き方であり、明治以降、近代軍隊形成のためにこの「ナンバ」の動きは封印されたといわれている。

では、江戸時代までの日本人はみんな「ナンバ」で歩いたのだろうか？

古来日本人は「ナンバ」で歩いたという説を紹介したのが武智鉄二である。武智は民族文化の個性を決定するのは原初生産性であるという。そして、日本人は農耕民族なので、農耕が日本の民族文化に大きな影響を与えているという立場にたつ。たとえば「ナンバというのは、農耕生産のための全身労働においてとられる姿勢で、右手が前に出るときは右足が前に、左手が前にでるときは左足が前という形になる。つまり、現代人の歩行の体様において、手が足と逆の方向にふられるその姿勢と、まったく逆の動きになる。／これは筋肉を伸張させて、そこから放出されるエネルギーのすべてを、労働力として土に注ぎ込み、農耕的な価値の生産にふりむけようとする行為のための体位である。／そのような農耕生産の姿勢を基本とした歩様は、右足が前に出ると

46　新村出編：『広辞苑』第七版、岩波書店、2018 年。

きは、右手も前に出るという形をとる[47]。」という。

しかし明治に入ると、「ナンバ」は矯正されることになった。富国強兵政策による国民皆兵と、資本主義下の工業生産化への要求が、農民の生活から「ナンバ」の動きを奪ってしまうことになったのである。つまり農民の身体を近代的な兵士の身体（工場労働者の身体）に作り変える必要があったのだ。なぜなら農民は、集団行動ができない、行進ができない、駆け足ができないなど近代戦を戦う兵士として多くの欠陥を持っていたからだ。「明治政府が近代軍隊をもとうとしたとき、その人的資源に当てられたのは、当時総人口の九〇パーセントを占めていた農民であった。戦闘のための教育をある程度施されていた武士階級とは違って、土を耕すことのみが生活の基盤であった農民が、いきなり軍隊に編入されて、そこに絶対勝てない軍隊が誕生したのである[48]」と武智は指摘している。

武智によると、明治以前の日本人の90％以上が農民だったので、農耕民族の歩き方「ナンバ」で歩いていた。しかし、近代軍隊編成のために「ナンバ」を矯正したのである。

さて、明治6年の族籍別の人口構成をみれば平民が93.1％となっている[49]。武智が「平民＝農民」と考えていたのなら日本人の90％が農民だったという認識になる。また、おおくの高校日本史の教科書には、１８４９（嘉永２）年の身分別人口構成が掲載されて

47　武智鉄二：「伝統と断絶」、昭和 44 年、『武智鉄二全集第五巻　定本・武智歌舞伎⑤伝統論攷』、三一書房、昭和 55 年所収、pp.82-83。

48　武智鉄二：「歌舞伎概論―その伝統性と土着性」、昭和 51 年、『武智鉄二全集第六巻　定本・武智歌舞伎⑥演劇研究』、三一書房、昭和 56 年所収、p.370。

49　平野義太郎：『日本資本主義社会の機構』、岩波書店、昭和 9 年、p.9。

いる。これによると農民（百姓）が76.1％を占めている[50]。このようにみると、教科書にも記載されているし、90％とは言えないが、日本人の多くが農民であったと考えられる。

しかし、単純に「平民＝農民」ではない。さらに教科書に掲載された人口構成についても、全人口の76.1％が占める層を「農民」と表記している教科書と「百姓」と表記している教科書が存在する[51]。「農民」と表記していた教科書は「百姓＝農民」ととらえていたと考えられる。しかし「百姓＝農民」ではないことが網野善彦によって明らかにされている。網野は、能登半島や山口県の上関、大阪の泉佐野、山梨県の石和などの調査から、「実際に田畠で穀物を生産する厳密な意味での農業人口は全体の半分以下[52]」だったのではないかと指摘している。どうやら「百姓」は一般の人民を指す言葉であり、農民のみを意味するのではなく、たくさんの非農業民（漁業、職人、商人、など農業以外の生業に携わっている人）を含んでいたのである。さらに日本の社会の中で非農業民は少数派ではなく、日本人の多くが農業に専従していたわけではないことがあきらかにされている。

さて、日本舞踊に目を転じてみたい。『実技 日本舞踊の基礎』[53]には「なんば

50『日本の歴史』改訂版（山川出版社、2003年）、『日本史B』（三省堂、2006年）、『日本史B』（東京書籍、平成15年）、『高等学校日本史B』（第一学習社、平成15年）、『新日本史B』（桐原書店、平成18年）、『日本史B』新訂版（実教出版、平成15年）など。これらはすべて関山直太郎『近世日本の人口構造』（吉川弘文館）より、1849（嘉永2）年の秋田藩の身分別人口構成を掲載している。

51 関山直太郎は「百姓」と表記していた。

52 網野善彦：『歴史を考えるヒント』、新潮選書、2001年、p.81。

53 花柳千代：『実技 日本舞踊の基礎』、東京書籍、昭和56年。

歩き」「なんばん歩き」が示されている。「なんば歩き」は「右足を上げたとき右手が出る」また「なんばん歩き」は「右足を出したとき右手右肩も出る」と説明されている。これらの歩き方は、踊りの中で強いアクセントとなり、生かされることがあると説明されている。つまり、特別な所作と考えてよい。さらに、初心者用の歩き方の「やさしい町人歩き」は、「右足出したとき、左手軽く出す」と説明されているし、「やさしい武士歩き」は「右足出したとき、左手強く前にだす」と説明されている。日本舞踊の中の町人、武士の歩き方は「ナンバ」ではないといってよさそうである。

武智は、日本人のほとんどが農民だったという前提で、日本人は「ナンバ」で歩いたと考えていたようだ。しかし網野によれば、日本人のほとんどが農民だったわけではなく、非農業民も多くいたことがあきらかになっている。また、日本舞踊の基礎をみても、日本人の基本的な歩き方が「ナンバ」であったと断言することは難しいのではないだろうか。

武智のいうように、明治以降、日本人の身ぶり、身体技法は、近代軍隊、近代制度に適用するように作り変えられた。しかし「ナンバ」だけが作り変えられたわけではない。明治以前の日本人の身体技法、身体文化そのものが近代制度にあうように作り変えられたのである。また、すべての日本人が「ナンバ」で歩いたわけではない。とはいえ「ナンバ」がなかったわけでもない。「ナンバ」はあったが同様に非「ナンバ」的な動きもあったのである。よって「日本人古来の歩き方は「ナンバ」である」という単一的な表現は錯誤のうえに立ったものだといえるだろう。

最後に付け加えると、日本陸上短距離界で話題になった「ナンバ」走り[54]とは、ここで述べた「ナンバ」とは全く違った新たな身体技法の考案と考えたほうがよい。「ナンバ」という名づけは同じだが、中身（動き方）は全く違っているといっていいからだ。

54　2003年世界陸上選手権200メートル銅メダリストの末續慎吾が「ナンバ的な腕振り」と口にしたことや、末續のコーチである高野進が「ナンバ」という言葉を使って末續の走法を説明したことなどで「ナンバ」走りという言葉が広まった（松浪稔:「日本人は「ナンバ」で歩いたのか？」、21世紀スポーツ文化研究所:『スポートロジイ』創刊号、みやび出版、2012年、pp.120-147）。

コラム⑦：民族スポーツとコスモロジー　―モンゴル相撲も家（ゲル）のなかで―

モンゴル国の人々の伝統的な住居は「ゲル」と呼ばれる移動式のものである。モンゴル広しとはいえ、太陽が出ていまいが、雲で星が隠れていようが、どこにいても方角だけはすぐに分かる。家がすべて同じ方角を向いて建ててあるからである。円形のテント状の家は、必ず出入口を「南」にむける。この「南」はいわゆる民俗方位と呼ばれるもので、正確には45度ずれていて南東の方向を指している。入り口を入ると、「北（正確には北西）」にはどこの家でも信仰の対象などが飾られ、一家の主人が座る席になっている。いわゆる聖なる場である。「東」には女性や子どもの席があり、台所用品などが置かれている。「西」は主人以外の男性や客人が座る。そこにはたいてい弓や馬具などが飾られていることが多い。都市部ではマンションなどでの定住化が進んでいるので、だんだんその環境は薄れてきているとはいえ、伝統的な遊牧生活においては、みんな共通の方位を感じながら、日々の生活を送っている。

そんな体に染みついた方位は、たとえば相撲をとるときにもそれが反映されているところが興味深い。「ナーダム」と呼ばれる夏の祭で相撲をとるときには、観客は円形に囲むように座り、必ず力士たちは「南」から相撲会場へ入場する。彼らの民俗方位によると「南」は出入口なのである。また大統領などが座る貴賓席があるのは必ず「北」側。田舎の町のナーダムの祭りなどで食べ物を売る店などは、「東」の場所に据えられる。そう、ゲルでいう台所にあたる場所なのである。

すなわち相撲会場はまったく家（ゲル）と同じ配置をしている。相撲も大きな家（ゲル）のなかでとる、そういう感覚なのである。それは草原と空が織りなす大きな自然の家（ゲル）といっていいだろう。その自然の家（ゲル）に抱かれて、力士は力を発揮できる。それがモンゴル相撲のコスモロジー（宇宙観）なのである。

あとがき

本書の始まりは、ある出版社の編集者から稲垣正浩先生に持ち込まれた出版企画だった。その企画は、スポーツに関するワードをマップのように関連付け、解説する本をつくることだった。

稲垣先生は「ただ解説するだけでは面白くない。スポーツを徹底的に批評すべきだ」という思いで『現代スポーツ批評』と題する本を編むことを編集者に提案した。そして執筆者として稲垣先生に声をかけられたのが、井上と松浪だった。それは2012年の暮れのことだった。

どのようなスポーツに関する事象を解説するか、そもそもスポーツを批評するとはどういうことか、我々は議論した。スポーツの普遍とは何か、スポーツに普遍はあるのか、スポーツを通してどう現代社会を語るのか、つまり「スポーツを批評する」とはどういうことか、が大きな問題だった。序章は稲垣先生の視点で「スポーツ批評」とはどういうことかを綴った文章であり、本書の視点である。また、本書の各項目も基本的には稲垣先生が提案されたものであり、こうした項目の取り上げ方にも稲垣先生の視点があらわれている。

井上は奈良教育大学大学院時代から、松浪は日本体育大学大学院時代から、稲垣先生のもとで思想・哲学・歴史をベースにした、スポーツ史、スポーツ人類学、スポーツ文化論の視角について、共に考えてきた仲間である。いま(2019年)から20年以上前のことであるが、井上、松浪にとって大学院でジャック・デリダの「脱構築」という概念に出会ったことは衝撃であり、それまで現前に存在していたスポーツ文化の「あたりまえ」とは何なのかを問う視点を持つことができた。また、院生時代の我々の拙い思考を後押ししてくれたのが、西谷修の世界史の見方であり、今福龍太の世界観だった。

本書の企画の立ち上げから、様々な試行錯誤を経て、ようやくひとつのかたちにすることができた。諸事情の為、当初の出版社からの刊行は叶わなかったが、我々の『現代スポーツ批評』を出版するという思いは、叢文社が引き継いでくれた。叢文社の佐藤公美氏が本書の出版を引き受けてくだされなければ、本書は日の目を見なかっただろう。この場を借りて心より感謝の意を述べたい。

しかし残念なのは、稲垣正浩先生が本書の刊行を目にすることなく、2016年2月に有為の奥山の向こうに旅立ってしまったことだ。本書の刊行は、井上、松浪に残された宿題となった。

さて、本書が取り上げたテーマが現代スポーツのすべてを網羅しているわけではない。しかし、いわゆるメディアスポーツが注目しない点であったり、メディアバリュースポーツを脱構築する主張であったり、メディアが取り上げるスポーツ事象の根源の意味を問い直す視点を提供することを試みた。我々の思いが、読者に伝わっているか心もとないが、メディアから垂れ流されるスポーツ情報の「あたりまえ」を問うことが、我々の本書刊行の思いのひとつである。それは「スポーツとはなにか?」「世界とはなにか?」、またその根源には「人間とはなにか?」という問いに向き合うことである。本書がスポーツの見方、スポーツ文化へのまなざしを広げる契機を、そしてスポーツする生身の身体への思考を提供できたなら、望外の喜びである。

最後に、本書の監修者である稲垣正浩先生に本書を捧げることをお許しいただきたい。「松浪君、井上さん、まだまだだね」というお声が聞こえてきそうであるが、不肖の弟子の最後の宿題提出としたい。

2019年7月24日

松浪　稔
井上邦子

【執筆者】

編著：松浪　稔　（まつなみ　みのる）

東海大学　教授（体育学部スポーツ・レジャーマネジメント学科）

博士（体育科学）

早稲田大学人間科学部人間基礎科学科卒業。日本大学大学院文学研究科教育学専攻博士前期課程修了（修士（教育学））。日本体育大学大学院体育科学研究科博士後期課程単位取得退学。フィリピン国立レイテ師範大学（Leyte Normal University）講師（青年海外協力隊）、福岡女子大学助教授等を経て現職。

専門：スポーツ史、スポーツ人類学、スポーツ文化論

主要業績：

『身体の近代化―スポーツ史からみた国家・メディア・身体―』（叢文社、２０１０年）、『THE PALGRAVE HANDBOOK OF LEISURE THEORY』（共著）（London,Palgrave Macmillan, ２０１７年）、『スポーツ学の射程』（共著）（黎明書房、２０１５年）、『近代日本の身体表象』（共著）（森話社、２０１３年）、『スポーツ学の冒険』（共著）（黎明書房、２００９年）、『ボクシングの文化史』（翻訳）（東洋書林（カシア・ボディ著、稲垣正浩監訳、松浪稔、ほか訳）２０１１年）、「日本人は「ナンバ」で歩いたのか？」（『スポートロジイ』創刊号、みやび出版、２０１２年）、など。

前スポーツ史学会理事

前日本スポーツ人類学会理事

（執筆担当：第一章1、第二章1、2、3、5、6、第三章1、4、5、6、コラム③、コラム④、コラム⑤、コラム⑥）

編著：井上邦子（いのうえ　くにこ）
奈良教育大学　准教授
博士（体育科学）
奈良教育大学大学院教育学研究科修士課程修了。日本体育大学大学院体育科学研究科博士後期課程修了。
椙山女学園大学人間関係学部助手等を経て現職。
専門：スポーツ文化論
主要業績：
『モンゴルの伝統スポーツ』（叢文社、２００５年）、『スポーツ学の冒険』（共著）（黎明書房、２００９年）、『スポーツ学の射程』（共著）（黎明書房、２０１５年）、「〈七月の身体〉」（『現代思想』、青土社、２０１０年11月）、「身体に向かうグローバリゼーション」（『スポートロジイ』２、みやび出版、２０１３年）、『保健体育を教える人のために』（共著）（東山書房、２０１６年）、「モンゴル伝統スポーツにおけるナーダム法に関する一考察 ―法が目指す伝統スポーツ「像」とその目的―」（『東北アジア体育・スポーツ史研究』４、２０１９年）など。
スポーツ史学会理事
（執筆担当：第一章２、３、４、５、６、７、第二章４、第三章２、３、７、８、コラム①、コラム②、コラム⑦）

監修：稲垣正浩（いながき　まさひろ）

日本体育大学名誉教授

東京教育大学大学院教育学研究科博士課程単位取得退学。愛知教育大学助教授、大阪大学助教授、奈良教育大学教授、日本体育大学教授を歴任。退任後、21世紀スポーツ文化研究会を創設。主幹研究員を務める。

専門：スポーツ史、スポーツ文化論

主要業績：

『〈スポーツする身体〉を考える』（叢文社、２００５年）、『身体論　―スポーツ学的アプローチ』（叢文社、２００４年）、『テニスとドレス』（叢文社、２００２年）、『スポーツ文化の脱構築』（叢文社、２００１年）、『スポーツの後近代』（三省堂、１９９５年）、『スポーツを読む（全3巻）』（三省堂、１９９３年、１９９４年）、『からだが生きる瞬間』（編著）（藤原書店、２０１８年）、『スポーツ文化の「現在」を探る』（編著）（叢文社、２００２年）、『現代思想とスポーツ文化』（編著）（叢文社、２００２年）、『スポーツ史講義』（編著）（大修館書店、１９９５年）、『近代スポーツのミッションは終わったか』（共著）（平凡社、２００９年）、『図説スポーツの歴史』（共著）（大修館書店、１９９６年）、『ボクシングの文化史』（翻訳）（東洋書林（カシア・ボディ著、稲垣正浩監訳、松浪稔ほか訳）２０１１年）、など多数。

元スポーツ史学会会長

２０１６年2月逝去

（執筆担当：序章）

『現代スポーツ批評―スポーツの「あたりまえ」を問い直す―』

発　行：2020年1月1日　初版第1刷

編　著：松浪　稔／井上邦子
監　修：稲垣正浩
発行人：伊藤太文
発行元：株式会社 叢文社
112-0014
東京都文京区関口1-47-12
TEL　03-3513-5285
FAX　03-3513-5286

編　集：佐藤公美
印　刷：信毎書籍印刷

定価はカバーに表示してあります。
乱丁・落丁についてはお取り替えいたします。

ISBN978-4-7947-0805-2

スポーツ学選書全25巻　好評発売中

スポーツ学選書13

モンゴル国の伝統スポーツ

―相撲、競馬、弓射

相撲の動きに宿る生活世界、自然との連続性、それらを表出する力士の身体の聖性と「競馬ウマ」の聖性の類似点、弓射競技の背景にひそむ呪術性…モンゴルの伝統スポーツをとおして、「スポーツする身体」が想起する「記憶」―多元的、重層的な身体観を読み解く。

井上邦子　著　二〇〇〇円＋税　ISBN978-4-7947-0512-9

スポーツ学選書23

身体の近代化

―スポーツ史から見た国家、メディア、身体

日本人の身体は如何にして近代化したのか？　教育制度が求めた理想の身体？　メディアにあらわれた身体とは？　身体と共同体の関係は？　われわれの身体はいま、どのようにとらえられているのだろうか……明治の身体観から読み解く。

松浪稔　著　二〇〇〇円＋税　ISBN978-4-7947-0641-6